# 教育実習の指導教員

## になったら読む本

橋本 慎也

明治図書

　最初から残念な話で恐縮ですが，全国で教員採用試験の倍率が下がっている状況が起きています。しかし，データを見ると試験を受ける新規学卒者が減っているということではないらしく，先生になりたいという大学生はまだそれなりにいるらしいのです。こういった大学生にぜひ教職に就いてもらいたいと思います。教職に魅力をもってもらうためには，まず教育実習で教師の仕事の楽しさ，やりがいを感じてほしいと思います。そして，先生方が一生懸命に教育に取り組む様子を見て，「自分もこのような先生になりたい」という憧れをもってもらえると嬉しいです。教育実習の経験のもつ意味は，大きくなっているのではないかと思います。

　今回，明治図書さんから「教育実習を引き受ける学校向けの本を書きませんか」という依頼を受けました。これまで教育実習に取り組む大学生向けの本は何冊か出版されていますが，教育実習を引き受ける学校向けの本はほとんどありませんでした。調べると，いくつかの教育委員会が教育実習の手引きを作成されていますが非常に少ないです。初任者指導の手引きは多くありましたので，そういった文書も参考にしました。また，教育実習を多く受けている学校ということで，以前附属小学校や附属中学校に勤務されていた知り合いの先生方に，いろいろと聞き取り調査をしました。最近の大学生の傾向も教えていただきました。また，最近の若い方々への話し方や接し方を勉強するために，ビジネス書もたくさん読みました。心理学やコーチングなども勉強しました。そういった中で，実習生との接し方で，次のようなことに留意して本書を書いていこうと思いました。

○常識的なことを知らないことも多いので，分からないと思って，丁寧に説明したり教えたりする必要がある。
○自分の方法論や考え方や押し付けるといけないので，なぜこの仕事が必要なのか，やるとどんなよいことがあるか，意義をしっかり伝える。
○いろいろと決めるときは，コーチングの手法を生かし，自分の考えを

言わず，聴くことと質問することで相手の気持ちを引き出していく。

〇決断に時間がかかっても，自分で決めさせる。

〇すべて任せずに指導教員と相談しながら一緒に作り上げていく。

〇サーバントリーダーシップを考える。指示や命令をするのではなく，話に耳を傾け，どうすれば役に立てるかを考えるようにする。

〇積極性が見えない実習生には，役割を与え「やらないと損をする」状態をつくる。

〇やるべき行動をなるべく細かくチャンクダウンし具体的な指示を出す。

〇周囲がやっているから，自分もやらなきゃという思いをもたせる。

〇なかなか新しいことに挑戦をしようとしないので，小さな行動を考え，第一歩を踏み出してもらう。

〇叱られることに慣れていないので，何かを指導したいときはアサーティブメソッド（相手を尊重しながら自分の意見や要望を伝えるコミュニケーション）を心がける。

〇おとなしくて真面目である。「認められたい」という欲求を根源的にもっているので，たくさん褒めるようにする。

　Chapter 1では，教育実習指導担当になったときの心構えについて書きました。Chapter 2では，実習生を受け入れる際の手続きを書きました。大学や教育委員会によって書類の内容が違いますので，本書と比べながら使ってみてください。Chapter 3では，実習生への指導・助言のポイントを書きました。できるだけ具体的に書いています。Chapter 4は，様々なトラブルにどのように対応するかを書いています。最後のChapter 5では，実習生に話をする際に役立つ話を載せました。実習生の指導を初めて受け持つ先生方，指導の仕方に悩んでいる先生方のお役に少しでも立てればありがたいです。

2024年3月

橋本　慎也

# Contents

まえがき …………………………………………………………………………………… 2

## Chapter 1

## 教育実習指導担当の心構え

① 楽しい教育実習になるように気配りをする ……………………………… 10
② 実習生が相談しやすい関係性をつくる …………………………………… 12
③ 一人一人の個性ややりたいことに応じた指導を行う ………………… 14
④ 他の教員・児童生徒とつなぐ ……………………………………………… 16
⑤ 実習生と指導教員で一緒に授業や学級づくりを行う ………………… 18

## Chapter 2

## 時系列でよく分かる
## 教育実習生受け入れ手続きのポイント

### 実習前

① 受け入れるための学校全体の体制をつくる …………………………… 22
② 教育実習プログラムを作成する ………………………………………… 24
③ 実習生との信頼関係と児童生徒が受け入れる体制をつくる ……… 26
④ 事前の打ち合わせ会を行う ……………………………………………… 28

### 実習中

⑤ 余裕あるカリキュラムを作成し，相談しやすいシステムをつくる ……… 30
⑥ 授業を見る視点について，早い時期に指導を行う …………………… 32
⑦ ミニ講座と研究授業の指導案づくりを行う ………………………… 34

⑧ 実習日誌の書き方を指導する ･･････････････････････････ 36

⑨ 紹介式，お別れ式の準備を行う ･･････････････････････ 38

実習後

⑩ 評価票を作成し，成長が実感できる評価を行う ････････ 40

---

Chapter 3

# 場面別でよく分かる
## 教育実習生への指導・助言のポイント

事前準備

① 実習生が安心できる声掛けをする ････････････････････ 44

② 研究授業への準備をする ････････････････････････････ 46

③ 実習の意義や留意点を説明する ･･････････････････････ 48

実習初日

④ 教職員や児童生徒との出会いの場をつくる ････････････ 50

⑤ 関係する教師・若い教師とのつながりをつくる ････････ 52

⑥ 実習期間と1日の流れの見通しをもたせる ････････････ 54

⑦ 授業記録の書き方の指導と初日の振り返りを行う ･･････ 56

指導案づくり

⑧ 指導案の形式を指導する ････････････････････････････ 58

⑨ 教材研究の仕方を指導する ･･････････････････････････ 60

⑩ 単元や本時の目標の書き方を指導する ････････････････ 62

⑪ 教材観，児童生徒観の書き方を指導する ･･････････････ 64

⑫ 指導観の書き方を指導する ･･････････････････････････ 66

⑬ 本時の展開の書き方を指導する ································ 68

授業

⑭ 効果的な授業形態の選択の方法を指導する ················ 70

⑮ 指導言（説明・発問・指示）について指導する ············ 72

⑯ 板書の仕方について指導する ································ 74

⑰ 効果的な情報機器や教具の活用について指導する ·········· 76

⑱ 授業の評価の仕方について指導する ·························· 78

研究授業

⑲ 研究授業までの授業計画を立てる ···························· 80

⑳ 授業の中で困ったときの対応を指導する ···················· 82

㉑ 授業研究会の行い方と留意点を指導する ···················· 84

学級経営

㉒ 学級経営とは何かを指導する ································ 86

㉓ 子どもの捉え方と係活動を指導する ························ 88

㉔ 朝の会，帰りの会の仕方を指導する ························ 90

㉕ 掃除・給食の仕方を指導する ································ 92

㉖ 学級・学習のミニゲームの活用を指導する ·················· 94

学級事務

㉗ 事務仕事について指導する ································ 96

㉘ 保護者対応について指導する ································ 98

全日経営

㉙ 全日経営で余裕のある時間割を工夫する ···················· 100

㉚ 教育実習の評価について指導する ·························· 102

お別れ会・アフターケア

㉛ 子どもたちがつくるお別れ会の計画を指導する ┄┄┄┄┄┄┄ 104

㉜ 実習のまとめを行う ┄┄┄┄┄┄┄┄┄┄┄┄┄┄┄┄┄┄┄ 106

## Chapter 4

### こんな時どうする？
### 教育実習困った場面の Q&A

Q1 実習生が実習期間中に就職活動を行いたいと申し出てきたら？ ┄┄┄ 110

Q2 実習生が感染症に罹患し，実習ができなくなったら？ ┄┄┄┄┄ 111

Q3 児童生徒と関わるのが苦手な実習生へのサポートは？ ┄┄┄┄┄ 112

Q4 実習生の授業で，子どもが落ち着かなくなったら？ ┄┄┄┄┄┄ 113

Q5 実習生の頭髪・服装や言動などがふさわしくない場合の対応は？ ┄┄ 114

Q6 指導を素直に受け入れない実習生への指導は？ ┄┄┄┄┄┄┄┄ 115

Q7 実習中に児童生徒にけがをさせた，またはけがをした場合は？ ┄┄┄ 116

Q8 授業等で過度に緊張する実習生への指導は？ ┄┄┄┄┄┄┄┄┄ 117

Q9 実習生の体調管理にはどのような配慮が必要で，どう対処する？ ┄┄ 118

Q10 実習後，児童生徒との個人的なつながりが分かったら？ ┄┄┄┄ 119

Q11 実習生が教職に就く意思がなく実習に意欲がない場合は？ ┄┄┄┄ 120

Q12 部活動への参加で，授業づくりに支障が出ている場合は？ ┄┄┄ 121

Q13 実習生の授業をよりよいものにするには？ ┄┄┄┄┄┄┄┄┄┄ 122

Q14 児童生徒の顔写真，名簿等を渡す際に気をつけることは？ ┄┄┄ 123

Q15 実習生の授業を行う能力が著しく劣っている場合の対応は？ ┄┄┄ 124

Q16 実習生を遅くまで学校に残している指導教員への対処は？ ┄┄┄┄ 125

Q17 実習生に対するハラスメントにはどんなことがある？ ┄┄┄┄┄ 126

Q18 子どもとの距離が近すぎて，指導に支障がある場合は？ ┄┄┄┄┄ 127

Q19 給食や掃除などで，何も指導をしない実習生への対応は？ ┄┄┄ 128

Q20 パソコン等の扱いについて，注意すべきことは？ ……………… 129

Q21 実習生に指導しておきたい社会人のマナーは？ …………………… 130

## Chapter 5

### 実習生の心に響く
### 言葉かけ・おはなし集

1　楽しんで実習を進めようよ ………………………………………… 132

2　未来に向かって「今」できることをがんばろう ………………… 133

3　子どもが自分の力でやりとげたと思えるように ………………… 134

4　どうしてうまくいかないかを考えよう …………………………… 135

5　自分の作り上げた価値観に振り回されない ……………………… 136

6　なかなか熱意をもって取り組めないときに ……………………… 137

7　壁にぶつかった自分を認めよう …………………………………… 138

8　教師のやりがいとは ………………………………………………… 139

9　よき人生観の確立を ………………………………………………… 140

10　夢をもち，勇気を出して一歩前に進んでいこう ……………… 141

引用・参考文献一覧 …………………………………………………………… 142

# 教育実習指導担当の心構え

## section 1 楽しい教育実習になるように 気配りをする

POINT!

楽しさには，感謝される楽しさ，自分の成長を感じる楽しさがあります。実習の充実には楽しさが欠かせません。

### 1 楽しく活動できるように工夫しよう

人はどういうときに仕事を楽しいと感じているのでしょうか。様々な会社のアンケート結果から考えると，次のような要因が挙げられます。

| | |
|---|---|
| ・誰かに感謝されたとき | ・仕事がうまくいったとき |
| ・会社等に貢献できたとき | ・職場環境・人間関係がよいとき |
| ・人と関わっているとき | ・自分の成長を感じたとき |
| ・褒められたり評価されたりしたとき | ・仕事をやりきったとき |
| ・仕事自体が楽しいとき | ・目標やノルマを達成したとき |

大きく分けると，人から感謝されたり認められたりする等の他者評価の面と，仕事がうまくいった達成感，自己有用感等の自己評価の面があります。

これらのことを考えて，まず子どもとのつながりを深め，授業等での小さな成功体験を積み重ねられるように活動を工夫することが考えられます。

教師の子どもへの指導の場合を考えてみましょう。子どもに指導をする場合，内容をそのまま指導してもなかなか身に付きません。ゲーム的な要素などを取り入れたりしながら楽しく活動を行うことで，子どもの学習への意欲が高くなります。また，その楽しい活動の中で子どもたち自身に気づきが生まれ，新たな発見をしていくことで付けたい力が定着していくのです。

　同じように，実習生にも子どもとの楽しい活動に取り組むように支援し，子どもからの肯定的な反応をもらえるように仕組むことで，実習生はやりがいを感じていくことができるでしょう。

## ② 自分の成長を感じられるようにしよう

　教育実習がうまくいった達成感や自分の指導が子どもたちや他の先生方の役に立ったという自己有用感が得られるように支援したいと思います。

　生徒指導の機能というのをご存じでしょうか。「自己決定の場を与える」「自己存在感を与える」「共感的な人間関係を育成する」の３つです。

　実習生にも自分の成長を感じられるように「自己決定の場を与える」ことを大事にして，目標をもって実習に取り組めるようにします。

　まず，教育実習のはじめに，実習の目的や内容，注意点などを十分に話し合います。その後で，右下のような目標を書いてもらいます。

　書いておくということが大事です。それを実習日誌に一緒に綴じておき，常に見られるようにします。そして，実習生と指導教員と十分に話し合って，その意向を考慮しながら教育実習のスケジュールを作成していきます。一方的にスケジュールをつくるのではなく，よく話し合って実習生と一緒につくることが大事です。

　指導教員は指導では実習生の目標をもとに，その成長を見取り，価値づけていきます。

　実習生自身も，目標と照らし合わせながら自分の成長を振り返ります。

○教育実習で特に学びたいこと，または体験したいことは何ですか。

○教育実習で心配なこと，不安なことがあれば書いてください。

○教育実習の目標を書いてください。

## section 2 実習生が相談しやすい 関係性をつくる

POINT!

相談しやすい関係性をつくるために,「雑談」「褒める」「話をしっかり聴く」ことをやってみましょう。

### ① 雑談をする

雑談とは,特にテーマを定めないで気楽に会話することです。雑談の５大メリットは,松本幸夫氏によると,①知識が増える,②人間関係がよくなる,③心が軽くなる,④発想力が付く,⑤仕事のヒントになる,だそうです。実習生から実習担当教員にはなかなか話しかけづらいものです。実習担当教員から,こまめに話しかけて雑談をしましょう。「話をするのはちょっと苦手で」という人も心配いりません。そういう人は,質問して聞き役になればいいのです。ポイントは,「ニュース＋一言コメント＋質問」です。相手８：自分２くらいの割合で話すと,相手は「すごくコミュニケーションをとった」という気持ちになるそうです。キーフレーズは「どう思いますか」です。

また,関係性をつくりやすくするには,相手のことを知ることです。相手のことを知らないと警戒心を抱きます。教師が自己開示することで,相手からも打ち明けてもらいやすくなる効果があります。「自分もこういう失敗をしてね」など失敗談を話すことで,実習生も相談がしやすくなります。

### ② 褒める

齋藤孝氏は,『若者の取扱説明書』（PHP 新書）の中で,今の若い人はよくも悪くも「おとなしくて真面目」だと書いています。また,「認められたい」という欲求を根源的にもっており,集団の中にいる彼らにとって最大の

恐怖は，一人浮いたり，さぼっていると見られたりすることで，「周囲のみんながやっているから自分もやらなきゃ」という同調圧力に弱いそうです。

　実習生と相談しやすい関係性をつくるためには，褒めることが大切です。褒めることがよい行動の習慣化につながりますし，モチベーションが向上します。さらに褒められた人の自己肯定感が向上し，人間関係も円滑になります。具体的な内容を褒めていきますが，結果が悪くても，そこに至るまでのエネルギーをかけた部分に着目すれば，褒めるべき点は見つかります。

　「センスがある」は万能の褒め言葉です。前述の本によれば，若者にやる気を起こさせるには，次のようにすればよいそうです。

---

(1)「君ならできるはず」という期待感をもって接する
(2)明確な指示と説明
(3)「褒めコメント」などでフォロー

---

　やる気の方程式は，「期待感＋明確な指示＋フォロー＝やる気」です。

##  ③　話をしっかりと聴く

　相談しやすい関係性をつくるには，話をしっかり聞いてくれるという安心感をもってもらうことです。佐藤綾子氏によると，そのために必要なのが，積極的傾聴技法（アクティブリスニング）という３つの技法だそうです。

### ❶ 感情移入して聞く（ミラーリング，ペーシング）

　悲しい顔なら悲しい顔で聞いてあげます。声のトーンも合わせましょう。

### ❷ 感情コントロール

　忙しい雰囲気をつくっていたり機嫌が悪かったりすると，実習生は話しかけるのを控えてしまいます。否定的感情は抑制して，表情に出さないようにしましょう。

### ❸ 聞いて訊く

　分かったつもりにならないで，疑問があれば質問するようにします。

# section 3 一人一人の個性ややりたいことに応じた指導を行う

> 実習生がやる気を出せるように，期待感を生かしましょう。
> そのためコーチング的なアプローチを活用します。

## ① 実習生がやりたいことを生かしてカリキュラムを設定しよう

　前項にも示しましたが，やる気を引き出すためには「期待感＋明確な指示＋フォロー」が必要です。実習生には事前に，教育実習でやりたいことや不安なことなどを書いてもらったり聞き取りをしたりしておき，それをできるだけ実習の中で生かしていくようにします。授業をたくさんやりたいなら授業を入れますし，そうでないなら減らします。今の若者は，自己肯定感が低くネガティブになりがちだと言われます。以前の世代の方法論や考え方を押し付けてもやる気が起こりません。ですから，やりたいことがやれる，自分でもやれそうだという期待感をもてるように声掛けをしていきます。

　生徒指導の３機能の中に，「自己決定の場を与える」という項目があります。自分で決めたことは積極的に実行しようとします。人間は他人から教えられたことよりも，自分で考えて気づいたことの方が理解も深まるし，記憶にも残りやすいと言われています。実習生がどんな言葉を使えば心を動かし，成果につながる行動を促すことができるかを考えて指導していきます。

## ② コーチング的な手法を使って指導を行おう

　コーチングは，相手に一方的に目標を与えたり，問題解決の方法を指示したりするのではなく，質問をすることにより相手から答えを引き出そうとします。様々な状況の実習生がいます。枠にはめる画一的なアプローチではな

く，個々の具体的な状況に応じた個別のアプローチが必要であり，コーチングの発想や技法が有効であると考えます。相手の中から「気づき」を引き出し，勇気づけながら「目標の設定」や「目標までのプロセスづくり」をサポートし，目標に向けた自発的行動を促していきます。

　コーチングの典型的な進め方の１つに「GROW モデル」があります。問題や課題などの確認→目標を決める→現状の把握→目標までの道のりを描く→実行という基本ステップを使いながら進めていきます。サポートする人が高いパフォーマンスを発揮するために重要なのは，「自発的行動」かどうかです。指導する側が指導を受ける側から信頼を得ることができなければコーチングは機能しません。GROW モデルをうまく進めていくためには，多くのスキルが必要になります。本間正人氏は，その中で教育現場で活用しやすいコミュニケーションのスキルとして，次の６つを紹介されています。

---

スキル１　コーチングしやすい環境をつくる
スキル２　相手が話しやすいように聴く
スキル３　問いかけ方を変えて，答えを引き出す
スキル４　お互いの約束という形で計画を立てる
スキル５　相手の心理に働きかける言動をとる
スキル６　相手を承認する

---

　コーチングは「聴くが８割」と言われます。否定やアドバイスをしません。最後までじっくり忍耐強く聴くという姿勢をもつ必要があります。また，質問のテクニックが大切になります。目標も一方的に押し付けるのではなく，「約束」という形で，お互いの合意の下で設定します。そして成功のイメージを脳裏に思い描いてもらいます。「やる気」を引き出せるように，褒めたり励ましたりしていきます。相手を尊重しながら自分の意見や要望を伝えるアサーティブメソッドも必要となるでしょう。なぜこの仕事が必要なのか，やるとどんなよいことがあるか，意義をしっかり伝えることも大切です。

# section 4 他の教員・児童生徒とつなぐ

POINT!

実習生が安心して実習に取り組めるように，若手の先生や様々な先生とつなぎ，相談しやすい体制をつくりましょう。

## ① 他の教員とつなごう

多忙な学校現場において，「教育実習は大変だ」という意見もあります。しかし，教育実習の意義を積極的に捉え，実施体制を整えて，学校経営に生かしている例も多くあります。教育実習を子どもたちのキャリア教育に生かす，実習の担当を通して学校のミドルリーダーを育てる，若手教師の意識の向上に生かすなど，学校の活性化に生かしていくようにしましょう。

そのために，一部の教員だけが実習を担うのではなく，「指導は全教職員・全校体制で行う」ことを全教職員で共通理解するとともに，担うべき役割を明確にしたり，必要に応じて委員会を設置したりと，実施体制を整えます。実習指導は，実習生に指導すべき内容が，自分自身はどれくらいできているか，日頃の自身の教育観や指導法は適切か等を確認し，見直すチャンスでもあります。実習担当教員や指導教員が，様々な教員と実習生とをつないで関わりがもてるような環境づくりを行いましょう。

学習指導案を教科主任に見てもらうのもよいですし，学年主任や学年の先生にお願いして，授業を参観させてもらったり授業をやらせてもらったりもできます。中学校では，教科担当全員で指導に関わるとよいでしょう。

また，若い先生とつないで，積極的に声を掛けてもらったり，授業研究を一緒に行ったりしてもよいでしょう。年齢が近く，よき相談相手にもなります。実習生が複数いる場合は，一緒に授業研究をするのも意欲が高まります。

学校内に話ができる人がたくさんいる安心感で，実習が充実します。

　職員室での居場所や実習生が授業の準備を行う実習生専用の部屋（控え室）の確保などの環境づくりも大切です。更衣室，ロッカー，靴箱など，あらかじめ細かく指示しておくことで，実習生が授業の準備等に集中できるようになります。さらに，他の教員との関わり方として次のようなことも指導しておきます。

---

・授業参観などでは事前にお願いの挨拶に行くこと
・授業を見せていただいた後は，自分から教えを受けに行くこと

---

## ② 実習生に気を配り，児童生徒とつなごう

　実習生は，いろいろなことが初めてで不安なことがたくさんあります。指導教員が気を配る必要があります。

---

・特に用がなくても，控え室をのぞき，声を掛ける
・ストレスを感じていないか，普段から気をつける
・子どもたちと一諸にサプライズを企画する
・教員採用試験を受けるなら，結果を報告するように伝える
・控え室やロッカーなどがきれいにされているか確認する
・よいところを褒めて，自信を付けさせるようにする

---

　また，児童生徒との接し方も，実習生が悩んでいるところです。なかなか児童生徒に自分から声を掛けにくい実習生もいます。そういった場合は，教師が一緒に話に入ったり遊んだりしてつなぎます。全員に平等に接するのがあくまでも基本になります。配慮が必要な児童生徒がいれば，簡単に対応を伝えておきます。実習生としての立場なので，子どもの対応に困ったら，すぐに指導教員に相談するように指導しておきましょう。

# 実習生と指導教員で一緒に
# 授業や学級づくりを行う

POINT!

実習生は自信がなく分からないことも多いので，一緒に授業づくりや学級づくりを考えて取り組ませることが必要です。

## ① 事前の指導で一緒に授業をつくっていこう

　ボランティア等の学校体験活動を行った学生でも，教壇に立つ経験は初めてです。スムーズにいかない方がはるかに多いでしょう。基礎的技術やコミュニケーションスキルの向上については粘り強い指導が必要です。ただし，実習生の責任・能力を超えるような児童生徒指導や対応等は行わせないよう配慮します。

　挨拶，言葉遣い，服装，板書，児童生徒対応などは，まず指導教員が実習生のいい手本となるようにします。多くを語らず指導教員の姿を見せて学ばせる実習生，逆に丁寧な言葉かけやフォローを十分に行う実習生など，実習生の状況に応じてアプローチの仕方を変えます。実習生の特性を生かせる指導をすることで，実習生も自信がもてるようになります。

　分からないことは丁寧に教え，一緒に授業づくりを行っていきます。実習で大切なのは，指導技術を磨くことより「自信をもって教壇に立つ」「教職の素晴らしさややりがいを感じる」ことです。マイナス面よりプラス面の価値づけを大切にします。一緒に授業をつくることで，授業の成功体験をもたせます。緊張したりうまくいかなかったりするのは当たり前です。自分の失敗談なども紹介することで，実習生が前向きに授業に取り組めるようにします。実習生が自分の力を発揮できないまま終わってしまわないように，よい面を引き出し，のびのびと授業ができるように助言します。そのために，あ

まり高い目標をもたせたり，多くの内容を入れすぎたりしないようにします。
　授業の前には，言葉遣い，服装，声の出し方，児童生徒への対処の仕方，板書の書き方など細かいところまで指導しておくといいでしょう。児童生徒に身に付けさせたいポイントを，実習生にどう指導していくかのシミュレーションを行い，実習生が行う授業の組み立ての準備を入念に行います。実習生の考えや意見に耳を傾けながらも，必ず押さえなければならないポイントははずさないように指導します。なかなかいい授業の案が出てこない場合もあるかもしれません。その際は指導教員が案をいくつか出して選択させることも考えます。自分で決定させることが大事になります。「自分が責任をもつから思い切ってやってごらん」と背中を押してあげることも必要です。実習生は経験がないので，すべての準備に時間がかかります。早めに連絡をしておくことと，先を見越した支援を行います。

② 授業を通して指導を行おう

　実際の授業では，すべてを実習生任せにせず，指導教員が日々一緒に関わり，フォローをこまめにしていきます。基本的には，授業の途中で指導教員が授業の助けに入ることはないようにしますが，いつでもフォローできる準備をしておき，必要に応じて指導教員が授業に加わり，フォローしていきます。
　また，温かい雰囲気で見守るようにします。児童生徒の前で実習生の言動を否定することは避け，その場では補足をするなどしてさりげなくフォローし，後で指導します。さらに，学級のすべての子どもに関わらせるようにします。気になる児童生徒がいるとその子に時間をかけることが多くなりがちですが，全体を見るように指導します。児童生徒の実態や実習生の状況を踏まえて，場合によっては実習生が担当する部分，指導教員が担当する部分，一緒にする部分を分けるように工夫します。
　児童生徒の評価は実習生だけが行うのではなく，指導教員も一緒に評価を行うようにします。実習生が授業をしている間，指導教員は授業中の児童生徒の様子を細かく観察できるので，評価がしやすくなります。違った視点か

ら子どもを見ることができ，新鮮な発見もあるかもしれません。

 **振り返りを大切にしよう**

　日々の振り返りの時間に，その日の子どもの様子について自由に話す時間を設けます。そうすることで，子どものちょっとした様子の変化に気づく大切さを学びます。悩んでいることも聴くことができます。授業の中での児童生徒への対応の振り返りから，児童生徒理解の大切さを伝えます。事前の準備で考えたことを踏まえ，はじめのときと比べてよくなった様子を伝え，成長を実感できるようにします。小さいところでもよかったところをたくさん褒めましょう。教職の素晴らしさややりがいを感じられるようしたいです。教育実習での経験は，社会に出てからもきっといろいろな意味で役に立ちます。実習生の今後をともに考える，語り合うことも行っていきたいことです。

 **実習の時間に余裕をもたせよう**

　繰り返しますが，教育実習で大切なのは，細かい指導技術等を学ぶことではなく，「自信をもって教壇に立つ」「教職の素晴らしさややりがいを感じる」ことです。また，実習生の個人差も大きいですし，思ったよりいろいろなことを知らなかったりできなかったりすることも多いです。ですから，あまり高い目標をもたせたり多くの内容を入れすぎたりしないようにします。

　実習生にもよりますが，授業を少なめに入れて，その分準備の時間をしっかりと確保して準備を行い，授業を行うようにするのがいいでしょう。授業観察や講話も入れすぎないようにし，1日のうちの途中に，授業の準備をしたり日誌をまとめたりする時間をつくってあげましょう。また，その余裕のある時間に指導教員が積極的に声を掛けて，悩みの相談にのったりできる体制もつくっておくと，安心して実習ができます。全日経営なども1日まるまる取り組むのは実習生には大変です。実習生と相談して授業を考え，場合によっては専科の時間などの工夫を行い，途中に振り返る時間をつくり，余裕をもって取り組めるようにするなどの配慮もしていきます。

# Chapter 2

時系列でよく分かる

教育実習生受け入れ手続きの
ポイント

## section 1 受け入れるための学校全体の体制をつくる

POINT!

教育実習の意義を学校全体で共有し，指導教員や実習担当教員だけでなく，全体で取り組むようにします。

### 1 実習担当教員と指導教員の役割

**❶ 実習担当教員の役割**

【対外的な手続き】

・実習中の大学への連絡，実習後の関係書類の送付等

【校内での連絡調整】

・実習計画・日程の作成，指導教員の決定，配布資料の準備等
・実習生への指導

**❷ 指導教員の役割**

・事前指導，実習中の授業等の指導，実習後の評価等

### 2 学校全体で教育実習の意義について共通理解をしよう

　教育実習は，受け入れる学校も大変です。様々なカリキュラムを調整する必要があります。依頼された教師が授業を見せたり，様々な教育活動について講話をしたりすることもあります。実習生の授業がなかなかうまく進まない場合は，指導教員が時間をとって補充をする場合も出てくるかもしれません。だからこそ，指導教員のみの負担が大きくならないように，学校全体で取り組むという共通理解が必要になります。

　共通理解は，実習生との事前の打ち合わせが終わり，実習が始まるまでの間に朝会等を使って行います。次の要領で準備と話をします。

---

事前の打ち合わせで，実習生と指導教員と十分に話し合い，実習の大まかなスケジュールを立てる。その際に，授業は何時間くらい行うか，研究授業は何の教科で行うかなどもできれば決めておく。

↓

講話や授業参観を，担当の教師に依頼する。

↓

教育実習を学校全体で取り組む意義について教職員全体に話をする。

　ア　教職員の姿は，実習生にとっての「ロールモデル」となること。将来の仲間を全員で育てる意識をもってもらいたいこと。

　イ　実習では指導教員にはかなりの配慮が必要なこと。他の業務への影響がないように，全教職員でできることを分担してほしいこと。

　ウ　指導を通して自らも改めて指導について振り返り，成長する機会となる。この機会を生かして自身のスキルアップにつなげてほしいこと。

---

　指導教員一人ですべてを抱え込まず，事前に管理職や実習担当教員，教務主任，学年主任等に相談し，協力体制を築いてもらいましょう。また自身でも，実習中に出張等がある場合や，放課後の活動に参加させる場合など，あらかじめ想定できることは，他の教師との連携を図っておきましょう。

## ③　実習生の視点に立った体制づくりをしよう

　実習生が安心して教育実習を行えるように，指導教員に相談しやすい環境づくりや，職員室での居場所，ロッカー，靴箱，実習生専用の部屋（控え室）などを確保する環境づくりも大事になります。

## section 2 教育実習プログラムを作成する

POINT!
> 指導の見通しがもてるように教育実習プログラムを作成します。授業時数等実習生の希望も入れながら計画します。

### 1 プログラム作成の意義

プログラムを作成する意図は，大きく2つあります。

1つ目は，全教職員が「指導の見通しをもつ」ということです。2つ目は，実習生が「自身が行うべきことを把握する」ということです。先が見えないと，指導教員も実習生も不安や負担が増します。効率よく実施するためにも計画作成は必要です。計画表があれば，他の教師への協力依頼もしやすくなります。

### 2 具体的な指導場面・指導形態

具体的な指導場面・指導形態は，次のような場面が考えられます。

#### ❶ 紹介式，お別れ式

紹介式は，子どもたちとの出会いの感動や，実習生としての自覚を促します。お別れ式は，実習を通して成長した自分自身を振り返ることができるように助言します。

#### ❷ 講義

学校経営，生徒指導，道徳教育などの教育活動についての講義・講話を分掌主任などの担当が行います。

#### ❸ 授業見学

指導教員や他の教師の授業の参観，実習生同士の授業の見学があります。

❹ **実地授業**

　指導教員の指導助言を受けながら，実際の授業場面のみでなく，指導案の検討，教具の準備等，授業づくりを行います。授業後は，必ず指導案の立案や授業づくりの過程全体を通した振り返りを行います。

❺ **ミーティング**

　その日の授業の振り返りとともに，児童生徒の様子，指導案の検討と教具等の準備など，指導教員との様々な打ち合わせを行います。中学校，高校では，学級担任は主に学級活動や道徳，教科担当は教科の指導にあたるなど，連携してミーティングを行うことが必要です。

❻ **研究授業・授業研究会**

　研究授業は，実習期間中に学んだ成果を発揮する，実習の総括としての授業です。授業後には，管理職や実習担当教員，他の実習生等が参加して，幅広く授業に関する気づきや意見を述べ合う授業研究会を行います。

## ③ 教育実習プログラムの例（学校の実態で作成する）

　前半は，授業見学や講義をできるだけ多く設定します。中盤は，授業づくりの実践を中心に，実地授業を充実させます。後半は，授業づくりのまとめや児童生徒と多くふれあう場を設定します。事前の打ち合わせの際に授業時数等実習生の希望も聞いて，生かせるように工夫しましょう。

| 日 | 曜日 | 行事 | 1 | 2 | 3 | 4 | 5 | 6 | 放課後 |
|---|---|---|---|---|---|---|---|---|---|
| 1 | 月 | 給食時（実習生紹介） | 講話（心構え） | 講話（校務分掌等） | | 講話（保健） | | 校内研参加 | 夕会 就任挨拶 |
| 2 | 火 | 歯科検診 | 授業参観 6年1組 | 授業参観 特別支援学級 | 授業参観 5年2組 | | | 教材研究 | 講話 人権教育 |
| 3 | 水 | 生活集会 | 授業参観 3年2組 | 授業参観 1年3組 | | 授業参観 2年2組 | | 教材研究 | 講話 生徒指導 |

## section 3 実習生との信頼関係と 児童生徒が受け入れる体制をつくる

POINT! まず実習担当教員と実習生の信頼関係をつくります。そして，実習生を児童生徒が応援してくれるような雰囲気をつくります。

### ① 実習生のことを知り，信頼関係をつくろう

　組織内で信頼関係を構築するための第一歩は，「相互理解」です。お互いのことを知る時間を設けることで，関係が深まります。学級づくりでも，トラブルは相手のことをよく知らないことから起こることが多くあります。知っていればできる準備や対応があります。

　実習期間は短いですが，実習のはじめと終わりで，実習生の成長をしっかりと伝えてあげたいです。そのために，事前の打ち合わせで目標をもたせるなどしますが，ぜひ実習前の自分の思いを書いてもらいましょう。教育委員会によっては，連絡カードを実習生に書いてもらい，事前の打ち合わせの前に学校に提出してもらうこともありますが，そうした連絡カードがない場合は，以下のようなことを実習生に書いてもらいましょう。書くことで自分の考えがまとめられ深まります。実習後の振り返りにも活用することができます。

(1)大学でどんなことを学んでいるか。
(2)大学で学んだことを実習でどのように生かしたいか。
(3)実習中に特に学んでみたい，体験したいということは何か。
(4)実習にあたり，心配なことや不安なことは何か。
(5)よい実習とするために，どのような取り組みが必要だと考えるか。

**実習でどんな力を身に付けたいかを明確にもたせよう**

　実習生は，大学で事前に説明は受けていますが，教育実習でどんなことをすればよいのか具体的には分かりません。協力学校用に教育実習成績評価票（下に一部紹介）が送られてきますので，指導教員による評価にのみ使うのではなく，実習生にもその評価票を示して，教育実習中にどんな力を付ける必要があるのかを明確にもたせるようにします。そうすることで，実習への心構えや指導の仕方，勤務の仕方等のイメージを実習生がもつことができます。

| 3 | 教材研究および準備 | 事前の教材研究や教材解釈に取り組み，学習活動に必要な教材・教具・資料づくり，板書計画などができた。 |
|---|---|---|
| 4 | 学習指導案の作成 | 単元の目標を捉え，目標達成に向けての学習活動を構想した。発問構想，児童生徒の応答予想や評価の観点などを踏まえた指導案を作成した。 |
| 6 | 児童生徒理解 | 児童生徒に挨拶をし，休み時間や委員会や学校行事などにおいて積極的に関わった。授業中の机間指導で児童生徒に適切な言葉かけを行った。 |

 **子どもたちが受け入れる体制をつくろう**

　実習前に，指導教員から「教師を目指し全力でがんばる人をぜひ応援してほしい」と児童生徒に理解を求めておくとよいと思います。そして，実習中も実習生のがんばっている様子を児童生徒に伝えておきます。授業においては児童生徒が不安に思わないように，教師と実習生と一緒に授業をつくっていく旨を伝えます。また，実習生と児童生徒の距離が近すぎるために，教師というよりもお兄さんお姉さん的な存在になり，慣れ合いで学級のルールが守られなくなる場合があります。そういうことがないように，児童生徒には「実習生は教育者の立場であり，友達ではありません。だから言葉遣いや態度，接し方などマナーはしっかりと守ってください」と，実習生への敬意を示すように話をしておきましょう。もちろん，児童生徒に対しても敬意をもって関わるように実習生には話をしておきます。

## section 4 事前の打ち合わせ会を行う

POINT!

> 事前の打ち合わせは，実習を行うために必要なことを共有する貴重な機会です。事前に準備して行いましょう。

## 1 事前の打ち合わせ会の主な内容

学校によって内容は変わりますが，主に次のようなことを行います。

校長挨拶／本校の教育について（教頭）／本校における教育実習について（実習担当教員）／授業見学／指導教員との打ち合わせ　　等

## 2 教育実習の意義・目的と実習中の心得

大学での事前指導でも話を聴いていると思われますが，これをきちんと把握できているかどうかで実習生の取り組みの姿勢が大きく変わります。

【教育実習の意義・目的】

　大学等の授業で習得した知識・技能を踏まえて，大学等の授業だけでは得られない，学校で行われる教育活動全般に関する理解や児童生徒をはじめとする学校における人間関係の理解，教育者に求められる自覚，さらには教育技術などについて，実践を通して身に付ける場である。また，児童生徒にとっても，実習生との出会いは心の成長の機会となる。

【実習中の心得】

・ふさわしい態度，服装等を心がける。

・知り得た個人情報を口外しない。／ブログでの発信や SNS 投稿をしない。
・原則として撮影や録音等をしない（必要なときは学校の許可を）。
・児童生徒と個人的なやりとりを行わない（アドレス交換等も禁止）。
・学校・学年・学級等のきまりや教職員の指示に従う。
・実習生が自身の体調管理に留意する。　　　　等

## ③ 授業のつくり方

　事前の打ち合わせに際しては，教科書等を実習生に渡して，概ね担当する授業の範囲などを指示することになりますが，その際に指導案の作成方法や授業のポイントなど，授業づくりについての講義を行うことが有効です。

　実習の開始までの間のゆとりのある時間を活用して，授業の構想を練ったり準備をしたりすることが可能になります。また，授業のどういった点を見たらいいか見学の視点を事前に指導しておきます。指導案は実習生がどんな書式を学んだか尋ね，学んでいない書式を使用する場合は指導します。

## ④ その他で打ち合わせること

　その他，交通手段などを確認します。学校によっては自家用車での通勤もあるかもしれません。安全面の指導を確認します。

　また，学校施設をどこまで使用してよいか判断に困ることがあります。コピー機，印刷機，コンピューターの利用の仕方など，具体的に実習生に伝えておきます。

## ⑤ 実習生の状況の把握

　p.26で示したように，実習生に尋ねたり書いてもらったりして状況を把握します。何をしたいのか，授業をたくさんしたいのか，どんな教科をしたいのか等の希望も聴き，教育実習プログラムづくりに生かしていきます。

section
**5**

# 余裕あるカリキュラムを作成し，相談しやすいシステムをつくる

POINT!

予定を入れすぎず，柔軟な計画を立てましょう。教材研究の時間を多くとることで，余裕をもって実習ができます。

## 1　余裕あるカリキュラムを作成しよう

　p.25で示したように，教育実習プログラムをつくります。大まかには実習担当教員が講話や授業参観などの枠を示しますので，それをもとに実習生と相談しながら作成していきます。よりたくさん授業をしたいという希望をもっている実習生，様々な教科を授業してみたいという実習生，授業をたくさん見たいという実習生など，実習生によって希望は様々でしょう。カリキュラムを話し合って決めることで，実習への意欲も高まります。

　研究授業に向けて，その単元を何時間かやってみることもあるでしょう。指導教員がその単元の授業をして見せることもあるでしょう。学校や学級，児童生徒や実習生の状況を踏まえて，適切な授業回数を設定します。

| 日 | 曜日 | 行事 | 1 | 2 | 3 | 4 | 5 | 6 | 放課後 |
|---|---|---|---|---|---|---|---|---|---|
| 7 | 火 | 講話集会 | 授業国語 | 教材研究 | 授業参観4年3組 | 授業体育 | 講話人権教育 | 教材研究 | 掃除指導について |
| 8 | 水 | 歯科検診 | 授業参観6年2組 | 教材研究 | 授業国語 | 授業参観4年3組 | 授業社会 | 教材研究 | 係活動について |
| 9 | 木 | | 授業算数 | 授業参観4年3組 | 教材研究 | 授業参観2年2組 | 授業国語 | 教材研究 | 保護者との連携について |

　予定を入れすぎないようにすることも大事です。実習生は授業をするのに教材研究の時間が必要です。また，行った授業を振り返って日誌を書いたり

する時間も必要です。適宜教材研究の時間を入れて，その時間で様々な準備ができるような余裕をもてるようにしましょう。

 ## 2　相談しやすいシステムをつくろう

　ゴールに到達することばかりを考えていると，途中の過程がおろそかになったり，実習生がついてこられず精神的にダメージを負ってしまったりする場合があります。日々，軌道修正し，実習生へのサポートを多めにするなどして，授業の内容や進度になるべく影響が出ないように調整しましょう。実習生は尋ねたいことはたくさんあっても，なかなか相談するタイミングを見つけることが難しいです。

　前述の教材研究の時間を，できるだけ指導教員の空き時間に合わせると，少しの時間でも実習生の控え室に顔を出して話ができるようになります。実習生が複数いる場合は，教材研究の時間を合わせると，実習生同士で相談することもできます。

　また，指導教員があまりに忙しそうにしていると実習生も声が掛けにくいので，努めて余裕があるように実習生の前では振る舞いましょう。

　指導教員のみが指導を抱え込むと負担になります。事前に管理職や実習担当教員，教務主任，学年主任等に相談し，協力体制を築いてもらいましょう。それらの方々にも声を掛けていただくことで，実習生も安心感が生まれます。相談しやすい関係がつくれる人もいるでしょう。そして，やはり実習生が話しやすいのは年代が近い若い先生ではないかと思います。若い先生方に頼んで，声を掛けてもらうようにします。実習生とつないでおくことで，実習生も相談しやすくなります。

　悩んでいるときは，話を聴いてもらうだけでも心が落ち着くものです。このような実習生が相談しやすい時間，空間，雰囲気，人間関係づくり等の工夫を行うことで，実習生が安心して実習を行うことができます。

## section 6　授業を見る視点について，早い時期に指導を行う

POINT!

> 授業を見る機会が多くなります。学んだことを自分の授業に生かせるように，見る視点を絞って授業を参観させます。

### 1　授業を見る視点を指導しよう

　実習の前半では，様々な先生の授業を参観することも多いでしょう。漠然と授業を見るのではもったいないです。授業を見る視点を指導しておくことで，授業を興味をもって参観し，自分の授業に生かすことができます。

### 2　授業者だけでなく児童生徒の動きに着目させよう

　授業者の働きかけの何を契機として，いつ，どのように変容していったか，つまり，教師と児童生徒がいかに関わり，授業が展開したかを分析的に見取るように指導することが重要です。

### 3　授業を見る視点の例

#### ❶ 学習課題は適切であるか

　児童生徒の実態に合った学習課題であるか，単元の目標を解決するのに妥当な課題であったか，提示の仕方はどうだったか。

#### ❷ 導入の工夫

　導入は児童生徒が興味をもち，課題解決への意欲をもたせることができる工夫がなされていたか。

#### ❸ 思考する場の保障

　じっくり考える場面をどこで，どのように設定していたか，資料の提示の

方法やタイミングは適切だったか，考える時間は十分に確保されていたか，理解が厳しい児童生徒への支援は適切になされていたか，思考を深めるためのペアやグループでの学習は考慮されていたか。

❹ **評価**

意見に対する価値づけなどが適切に行われていたか，発言しやすい雰囲気づくりがなされていたか，児童生徒が授業を振り返ることができる板書等の工夫がなされていたか。

❺ **基礎的な技術がどうであったか**

**ア 話法**

その場に応じた声の大きさ，話し方，目線，表情など。

**イ 板書**

授業の展開が分かる構造的な板書であったか，量は適切か，チョークの色の使い方，字の大きさ，書くタイミング，ノート指導が適切になされていたかなど。

**ウ 学習形態**

机の配置の工夫，ペア・グループでの学習の活用，教師の立ち位置，指名の仕方，机間指導など。

**エ 情報機器や教具の活用**

ICT の活用が工夫されていたか，タブレット等を使わない場面の指導がなされていたか，ワークシートや資料は適切に活用されていたかなど。

❻ **児童生徒**

適切な声の大きさや分かりやすい内容の話し方ができているか，聞き方や学習規律はどうか，積極的に授業に取り組んでいるか，ノートの書き方など。

❼ **教室環境や掲示物**

学級経営に対する意図をもった掲示がされているか，清潔な環境が整えられているか，温かく児童生徒が落ち着ける雰囲気があるかなど。

## Section 7 ミニ講座と研究授業の 指導案づくりを行う

> 学級経営についてはミニ講座で話します。また，研究授業は実習開始時から計画的に早めに準備を行いましょう。

### ① 学級経営に関するミニ講座を行おう

　児童生徒にとって，学校生活の基本は学級です。学級が温かく，互いに認め合い，励まし合いながら成長していく集団であることが重要です。実習生には，授業実践の経験だけでなく，学級経営等に関する経験を積ませることが大切です。実習生にとっても，担当した学級の児童生徒とのふれあいが最も心に残ることから，学級経営の意識をもって児童生徒と接してほしいところです。授業実践については毎日の授業を通して話をしますので，あまり特別に話をする機会のない，掃除指導，給食指導，学級づくり，朝の会・帰りの会，保護者との連携，当番・係活動，学級会などの内容の講話を，放課後の振り返りの時間に計画的に入れていきます。それぞれの活動の意味について知ることで，学級づくりに対する見方が変わってきます。

| 日 | 曜日 | 行事 | 1 | 2 | 3 | 4 | 5 | 6 | 放課後 |
|---|---|---|---|---|---|---|---|---|---|
| 7 | 火 | 講話集会 | 授業<br>国語 | 教材研究 | 授業参観<br>4年3組 | 授業<br>体育 | 講話<br>人権教育 | 教材研究 | 掃除指導<br>について |
| 8 | 水 | 歯科検診 | 授業参観<br>6年2組 | 教材研究 | 授業<br>国語 | 授業参観<br>4年3組 | 授業<br>社会 | 教材研究 | 係活動に<br>ついて |
| 9 | 木 | | 授業<br>算数 | 授業参観<br>4年3組 | 教材研究 | 授業参観<br>2年2組 | 授業<br>国語 | 教材研究 | 保護者と<br>の連携に<br>ついて |

**研究授業の指導案を早めに作成しよう**

　研究授業（査定授業）は，実習期間中に学んだ成果を発揮する場であるだけでなく，大学等の教職科目などで取り組んできたことすべての集大成です。研究授業の目的を踏まえ，意識を高くもって臨む必要があります。

---

(1)教育実習，特に授業実習の成果を自分で確認する。

(2)指導教員だけでなく，管理職をはじめ，様々な教師の意見を聞き，多様な視点から自分の授業を振り返る。

(3)授業の準備や計画のし方，授業の反省等を実際の授業を通して学ぶ。

(4)教育実習の評価にあたっての重要な判断の場面となる。

---

　実施には，実習開始時から綿密なスケジュールでの進行や時間割の調整等を行う必要があります。指導案は早めに大まかにでも作成しておくことで，その授業に至るまでの授業を準備して実施できます。また，関係する方々への連絡等の準備（下記）も計画的・主体的に取り組むよう指導しておきます。

---

(1)指導教員と調整して，研究授業の実施日，時間，実施クラスを決定し，実習担当教員に伝える。

(2)指導案，資料等の印刷の準備を整える。

(3)授業前日または当日の朝までに，すべての教師に指導案を配布する。

(4)研究授業に出席していただく学年や教科の教師には，直接資料を手渡し，自分自身の言葉で参観をお願いする。

(5)研究授業を実施するクラスの児童生徒に，研究授業を実施することを事前に伝えておく。

(6)授業実施後は参加していただいた教師には直接謝意を伝えるとともに，授業研究会への出席，または気づきの記入をお願いする。

---

## section 8 実習日誌の書き方を指導する

POINT!

> 実習生が大変なのは，実習日誌を書くことです。はじめに目的や書き方の指導をしておくと書きやすくなります。

### ① 実習日誌を書く目的

実習日誌を書く際に最も大切なのは，「なぜ実習日誌を書くのか」という目的を常に念頭に置いておくということです。

**❶ 1日の振り返りをする**

教育実習の1日の終わりに，児童生徒の行動や自分の児童生徒への関わり方，授業の改善点や成功した部分などを振り返ります。振り返っておくことが，次の機会のよい対応につながります。また，児童生徒の様子などをまとめておくことで，自分の成長や児童生徒の雰囲気をつかむことができます。

**❷ 自分を客観的に評価する**

自分が行ったことを時系列で書いておくだけでも，1日の生活で無駄が見つかったり，次の行動のヒントが見つかったりします。

**❸ 悩みなどを指導教員と共有する**

なかなか面と向かって悩みが言えない人でも，書くことで，指導教員からアドバイスをもらうことができます。

### ② 実習日誌には考察や提案を書かせよう

実習生が記入する内容は，一般的には次のようなことです。

> (1)実習生がその日に習得したこと，反省点，今後の課題等

(2)指導教員からの助言と，それを今後どのように生かしていくか

(3)児童生徒の具体的な様子

(4)教員の動き

　実習日誌は記録や感想を書くのではなく，考察や提案を書くといいことを指導しましょう。授業を参観した際，それを見たまま書くのではなく，「なぜそのようにしたのか，なぜしなかったのか」を検討したり，「なぜそうなったのか」を分析したりする中で得た考察を入れさせます。また，授業を参観した場合に，「自分ならこうする」という提案，自分で授業をした場合は「次はこのようにしたい」という提案を書くことも大事になります。また，できるだけ空白がないように書くこと，丁寧な字で書くこと，児童生徒の個人の名前は書かない（Ａさん，Ｂさんなど）なども指導しておきます。そして，実習日誌は原則的には，毎日指導教員に提出させ，指導を受けさせます。

## ③　日々の記録に対しての添削や温かいコメントを書こう

　記入が不十分な場合は，「明日はこういう点に注目して書くといいよ」という助言や，常にメモを取るように指導するとよいです。その場合，すべて書き直させるのではなく，「少し加筆してみよう」や「次からこう書こう」というように助言しましょう。また，大切なのは内容なので，細かい体裁まで添削する必要はありません。パソコンでの入力を行う場合は，貼り付ける前にデータを添削するという方法も可能です。

　指導教員の記入欄が大きい場合もありますが，すべて埋め尽くす必要はありません。大切なのはコメントの分量ではなく励みになる言葉です。忙しいときはサインだけで，余裕のある日にその分多めに記入するという方法もあります。関わりのある教師が交替で書くという方法もあります。

　実習生の帰宅があまり遅くならないように配慮し，その日に提出が難しい場合は次の日に提出させるなど，臨機応変な対応も必要です。

# section 9 紹介式, お別れ式の準備を行う

**POINT!** 全体での紹介式やお別れ式は大切な式です。事前に計画的に準備させておいて, 思いが伝わる式にしたいものです。

## 1 紹介式

教育実習開始にあたって, 紹介式が児童生徒と対面する最初の場面となります。「先生」として過ごす期間のスタートであり, 「先生」としての自覚を深める機会として大変重要です。次のような流れで進めてはどうでしょうか。

**❶ 実習担当教員による実習生の紹介**

事前の情報収集から, 特技等についても児童生徒に紹介します。

**❷ 実習生の挨拶**

挨拶については, 実習に対する意気込みや児童生徒との関わりにおける目標等について語るように指導しておき, 児童生徒との対面にふさわしいか担当教員が事前に確認しておきます。

**❸ 児童生徒の歓迎の言葉**

学校の特徴, 実習生に対して抱く期待等について, 児童生徒に話をしてもらうことで, 実習生の「先生」としての意識が高まるようにします。

## 2 お別れ式

お別れ式は, 実習生が自分の教育実習を総括し, 次への意欲を新たにするための大切な機会になります。また, 児童生徒にとっても, 出会いを大切にし, 感謝の気持ちを醸成するための機会として大切です。

### ❶ 実習担当教員による実習生の紹介

　実習期間でがんばっていたこと，児童生徒との関わりで印象に残ったこと等を紹介し価値づけることで，実習生・児童生徒ともに実習期間を振り返ることができるようにします。

### ❷ 実習生の挨拶

　児童生徒に対し，実習生が感じたり成長したりしたこと等を盛り込みながら，感謝の気持ちを伝える内容になるように指導しておきます。

### ❸ 児童生徒代表挨拶

　児童生徒目線でのエピソードや感謝のメッセージを盛り込むことで，教師の仕事のやりがいを感じ，教職への憧れが強くなるように配慮します。

※紹介式，お別れ式は，学校の規模や実習生が関わる児童生徒の学年等に応じて，式の規模や行い方（放送等）を適切に設定し，実習生，児童生徒の両方にとって有意義な式になるように配慮します。なお，担当クラスでの迎える会やお別れ会については，Chapter 3で示します。

## ③　教職員に向けての挨拶

　時間的に余裕があまりない中での挨拶になるので，簡潔に述べることが必要になります。次のようなことをもとに考えておくように指導します。

### ❶ 実習日誌を見て，分かったこと，学んだことを要点の整理に生かす

・教師としての使命感と熱意をもって取り組んだこと
・挨拶や身だしなみ，言葉遣い等の社会常識や教養を身に付けたこと
・教職員の方々とのコミュニケーションを図って分かったこと
・子どもと関わって感じたこと
・指導案の作成で悩んだことや努力したこと
・授業における指導方法や指導技術で学んだこと　　　等

### ❷ 計画的に個別の挨拶をする

　指導をいただいた校長先生をはじめ教頭先生，主幹教諭，教務主任，指導教員，担当した学年の先生方など，個別に挨拶をすることを指導します。

## section 10 評価票を作成し、成長が実感できる評価を行う

**POINT!** 評価票は客観的な評価ができるようにします。また、自分の成長を実感できる評価を実習中に継続的に行っていきます。

### ① 教育実習の評価

　評価に際しては、実習担当教員等をはじめ、実習生を直接指導した指導教員が評価の案を作成することとなりますが、一部の教師の評価でなく、学校としての責任ある評価を行う必要があります。客観的な評価を行い、評価の信頼性を高めるためには、次のような取り組みが考えられます。

**❶ 評価尺度票の作成（実習担当教員）**

　評価尺度票を作成しておきます。評価を客観的に行うためです。地域によっては、評価尺度票をすでに作成されているところもあります。

**❷ 各大学等からの評価票の項目の確認（実習担当教員・指導教員）**

　実習担当教員と指導教員は、各大学からの評価票の項目を確認します。大学からの評価票が評価尺度票に合わない場合は、必要に応じて評価尺度票を修正します。大学からの評価票の評価の観点や規準は、実習生に目標をもたせるために見せて、意識づけてもよいでしょう。

**❸ 評価尺度票に基づく評価（指導教員等関係教員）**

　指導教員をはじめ、実習生の実習活動に直接関わった関係職員は、自分が観察した範囲内で、実習生の活動の状況を評価尺度票に基づいて評価します。その際、実習生の具体的な事例の積み重ねに基づき評価することが大切になります。より客観的な評価になるように、例えば教科指導に関しては、教科会など複数の教師で事前に協議をした後、決定します。

**❹ 教育実習査定会議を開き，最終的な評価案を決定**

実習担当教員は，校長，教頭，教務主任，指導教員で構成する教育実習査定会議を開催し，評価案を決定します。

**❺ 校長による評価の決定**

査定会議による評価案に基づき，最終的には校長が評価を決定します。

評価尺度の例

| | |
|---|---|
| 1 | 指導教員等から繰り返し具体的な指導を受けても，評価規準を達成できなかった。 |
| 2 | 指導教員等から繰り返し具体的な指導を受けることで，評価規準をようやく達成できた。 |
| 3 | 指導教員等から具体的な指導を受けることで，評価規準を達成できた。 |
| 4 | 指導教員等から具体的な指導を受け，進んで活動に取り組み，評価規準を達成できた。 |
| 5 | 指導教員等から具体的な指導を受け，進んで活動に取り組み，児童生徒に適切な指導を行い，評価規準を達成できた。 |

なお，「不可」が見込まれる実習生については，事前に指導教員が，校長，教頭，実習担当教員に連絡し，指導案検討や授業参観等を行った後に協議を行うなど，慎重な対応が必要です。必要に応じて，実習生の大学の実習担当教官にも連絡し協議を行うようにするとよいでしょう。

## 2 実習生が自分の成長を実感できる評価を行おう

Chapter 1 の 1 （pp.10〜11）に書いていますが，教育実習がうまくいった達成感や，自分の指導が子どもたちや他の先生方の役に立ったという自己有用感が得られるように支援したいです。そこで，教育実習のはじめに，実習の目的や内容，注意点などを十分に話し合います。その後で，p.42の右上のような目標を書いてもらいます。それを実習日誌に一緒に綴じておき，常に見られるようにします。

指導教員は，指導では実習生の目標をもとにその成長を見取り，価値づけていきます。例えば，「子どもたちと積極的に関わって信頼関係を築くことができているね」や「授業の力がずいぶん付いてきているね」など，目標と照らし合わせながら評価していきます。実習生自身も，この目標を見ながら毎日の実習日誌を書いていき，目標に向かって自分がどのような状況であるかを振り返っていきます。

また，振り返りのために，教育実習の最後に，「教育実習振り返りカード」を書いてもらってもいいでしょう。右下のような用紙を作成し，指導教員と全体の振り返りを行う際に，事前に書いてもらっておき，それを使いながら振り返っていきます。特に，がんばったことをたくさん出してもらい，それを価値づけていくようにします。

○教育実習で特に学びたいこと，または体験したいことは何ですか。

○教育実習で心配なこと，不安なことがあれば書いてください。

○教育実習の目標を書いてください。

○目標について成果と課題を書いてください。

| 成果 | |
| --- | --- |
| 課題 | |

○目標以外で，特にがんばったことを書いてください。

○教育実習を通して，自分の課題と思えることは何ですか。その理由も書いてください。

| 課題 | |
| --- | --- |
| 理由 | |

○自分の課題について，今後どのように解決していきたいですか。

Chapter
**3**

場面別でよく分かる

# 教育実習生への指導・助言のポイント

## section 1　実習生が安心できる声掛けをする

POINT!

事前の打ち合わせでは，実習生が安心できるように細かく丁寧に伝え，やりたいことを話し合い決めるようにします。

### 1　場を和らげるように雑談をしよう

　実習生は，大学で教育実習についてのオリエンテーションを受けたり，附属幼稚園，小学校等での観察を中心とした教育実習を受けていたりします。しかし，教育活動全般への実践を行う本格的な教育実習に対しては，楽しみではあるものの不安を感じることも多いと考えられます。

　実習生との初めての打ち合わせの際にも，雰囲気が硬いままでは話が実習生に入っていきません。人は一緒に笑い合った時間が長ければ長いほど，仲良くなります。まずはその不安をできるだけ小さくし，心が開かれお互いの話ができるように，必要な説明をするだけでなく雑談を意識して入れていくといいのではないでしょうか。そうすることで，話が伝わりやすくなるだけでなく，分からないことを尋ねることもできるようになります。

### 2　分からない，できないことを前提にして関わろう

　まず気をつけておきたいのは，実習生は教職の経験がないため，こちらが思っているよりもいろいろなことができないということです。大学等で学習して本人は知っているつもりでも，深いところは分かっていないし，ましてやできないことが多いということを前提に指導をしていく必要があります。そういう意識を指導教員がもっていないと，実習生のできないことばかりに目が行くようになります。そうすると，実習生のよいところやがんばってい

る様子に目がいかなくなり見落とすようになってしまい，大事な場面で褒めたり評価したりすることが少なくなってしまいます。

 **3　事前の打ち合わせ会での話すポイント**

事前の打ち合わせ会では，次のようなことを話し合います。

---

(1)教育実習の意義・目的（児童生徒や学校にとっての意義も）
(2)教育実習の内容
　・教科指導の基本の習得　　　・教師としての心得と態度
　・教育課程について　　　　　・学校，学級経営の概要　　　など
(3)教育実習中の心得
(4)勤務，施設・用具の使用（通勤方法，印刷機，パソコンの使用等）
(5)研究授業の教科や内容について

---

話をする際のポイントは，ただ必要なことを伝えるのではなく，大事なことについては，なぜそれをする必要があるか等の理由をしっかりと伝えることです。理由を聞いて納得することで理解が深まります。また，「詳しく」「しっかりと」などの抽象的な言葉でなく，エピソード等を入れながら具体的に話をすることも大事です。

また，教職に関係あることだけなく，礼儀，マナーなども教えるべきことです。当然知っていると思わず，細かく丁寧に教える必要があります。礼儀，マナーなどに気をつけることで，社会人としての自覚が生まれますし，教職員や子どもとのコミュニケーションもとれて，実習で自分がやりたいことを助けてもらえることにもつながります。

研究授業の教科や内容については，事前の打ち合わせの際に早めにある程度決めておきます。そして，その内容に関する教科書等の資料を渡しておきます。そうすると実習開始までに授業の準備ができ，安心感につながります。実習生の意向を聞き，しっかりと話し合って決めてもらうようにします。

section
2

# 研究授業への準備をする

POINT!

> 研究授業は，実習が始まる前から内容を決め，資料を渡して素材研究をしてもらっておくとスムーズにいきます。

## ① 研究授業の準備を早く始めよう

　教育実習で実習生が一番気になるのが研究授業です。研究授業に向けて，実習での授業を行っていきますし，自分の教育実習での成果を発揮する場であるだけでなく，これまで大学等で学んできた教職科目などの学びの成果の集大成でもあります。早く内容を明確にし，実習前の少し余裕のある時期から準備を行うことで，実習中も余裕をもって準備を進めることができます。

　実習が始まる前の打ち合わせのときに，小学校でしたらどの教科で授業をやりたいか，中学校，高校でしたらどんな授業をやりたいのかを実習生に尋ねましょう。そして，大まかにでもどんな単元を学習するのかを明確にしておきます。また，それに関する教科書や指導書等の資料を準備して渡します。

## ② 指導案の書き方を知らせよう

　大学でどんな指導案の書き方を習ってきているのかを確認しましょう。教育委員会で指導案の形式を示しているところもあります。また，教科によって書き方に特徴がある場合もあります。それを示して指導案を書かせるのか，習ってきた書き方で書かせるのかを指導教員が判断して指導してください。実習生が複数いる場合は，指導教員や実習担当教員で話し合ってそろえた方がいいでしょう。具体的な書き方については，実習が始まってから指導してもかまいません。

**3　教材研究の仕方について教えよう**

　実習が始まるまでの期間にできる教材研究もあります。教材研究には，大きく次の３つがあります。

> (1)**素材研究**　…子どもに教えるということをひとまず置いて，「素材」そのものを学び理解し研究する。
>
> (2)**学習者研究**…学習者の傾向を分析し，どのような学習上の困難の可能性があるか，どの程度の解釈が分かれるかなどを想定する。
>
> (3)**指導法研究**…どのような学習方法がふさわしいか，どのような指導言がふさわしいか考える。

　この中の「素材研究」は実習前からできますので，時間的に余裕のある時期に行っておくように助言します。なお，インターネットなどでもたくさんの指導案を見ることができますので，それらも見ておくと，少し授業のイメージができます。「学習者研究」「指導法研究」については，実習が始まってから指導教員と一緒に考えていきます。

　指導案づくりは大変ですが，指導案を書くことでたくさんのことが分かります。例えば，本時の授業を考えるためにその学年で身に付けるべき力を考えたり，本時が年間の指導や単元の中でどのような位置づけにあるかを振り返ったりすることができます。また，綿密な目標設定や展開，評価計画等を考えることで，どのような授業を行い，どう指導するかを深く考えることができます。ネットの指導案に頼りすぎる実習生には，児童生徒の実態，また教師の個性に合った授業をつくることが大切なこと，自分で書いてみることで指導案全体の統一性もでき，自分ならではの指導案ができること等を話し，自分の納得のいく参観者にも分かりやすい指導案を書くように指導しましょう。

## section 3 実習の意義や留意点を説明する

POINT!

> 実習生は分からないことがいっぱいです。学校の方針に従い，具体的に話してあげることで安心感が高まります。

### ① 教育実習の意義と目的

　物事を行う際に，なぜそれをやることが大事なのか，その目的は何かを知っておいた方が，自分が納得して積極的に活動を行うことができます。実習の意義や目的を意識し，常にそれに返ることで，実習生には実習への意欲をもち続けて実習を行ってほしいところです。

---

**【教職志望者にとって】**

　大学等の授業で習得した知識・技能を踏まえて，大学等の授業だけでは得られない，学校で行われる教育活動全般に関する理解や児童生徒をはじめとする学校における人間関係の理解，教育者に求められる自覚，さらには指導技術などについて，実践を通して身に付ける場です。

**【児童生徒や教職員にとって】**

　限られた期間とはいえ，年齢の近い，はつらつとした実習生との出会いは，児童生徒の心の成長の機会となります。教師にとっても，実習生の指導を通して自らの教育活動を振り返る場となります。

**【家庭や地域と連携した学校づくりの視点から】**

　教育実習の経験は，学校教育や教師の仕事についての理解を広げることになり，将来の学校の支援者を増やすことにもつながります。

---

教育実習の目的は，次のようになります。

(1)児童生徒の実態を把握し，教育活動についての理解を深める。

(2)教育環境・教育活動全般にわたる認識を深める。

(3)教員として児童生徒を指導するのに必要な専門的な技術を習得する。

(4)教育実習における様々な課題に対し，積極的に解決しようとする態度を身に付ける。

(5)教育者としての愛情を深め使命感をもち，教員としての資質・能力や適性について自覚する。

##  実習にあたっての心得

　充実した教育実習を実施していくためには，態度・服装など，実習生に教壇に立つ者としての自覚と責任を喚起する必要があります。実習校の方針により変わるところがありますので，それに応じて可能な限り具体的に示しましょう。伝えたい項目を以下に挙げます。

・実習の意義について

・勤務について（通勤方法，通勤時間，出勤時間，出勤簿への捺印等）

・欠勤，遅刻，早退の際の手続きについて

・服装や行動について

・個人情報の取扱いについて

・施設，用具の使用について（使う部屋・用具，印刷機，パソコン等）

・児童生徒に対する指導について（体罰，SNS の注意点，連絡・報告等）

・実習日誌について

・教職員への態度について（挨拶，報告，連絡，相談等）

・実習中の心身の健康管理について

# section 4 教職員や児童生徒との 出会いの場をつくる

**POINT!** 出会いの場において，挨拶はとても大事です。第一印象がその後の関わりに影響します。練習させておきましょう。

## ① 教職員との出会いの場づくり

　実習の初日には，教職員や児童生徒への挨拶があります。紹介式やお別れ式の流れについては Chapter 2 の 9 （pp.38〜39）で書いていますので，ここでは具体的な挨拶についてどう指導するかを紹介します。

　職員室での紹介は，朝礼に時間がかけられませんので，コンパクトに行います。実習生の人数にもよりますが，30秒以内で話すのを目安にさせます。

---

・名前　　　・大学名　　・担当する教科　　・お世話になるクラス
・教育実習に向けた意気込み　　　等

**【例文】**

　おはようございます。○○大学の○○と申します。専攻は○○です。今日から○週間，○年○組で教育実習生としてお世話になります。先生方にはいろいろとご迷惑をおかけすることになると思いますが，一生懸命がんばりますので，ご指導のほどよろしくお願いいたします。

---

　「ハキハキと」「落ち着いて」「礼儀正しく」挨拶をするように指導します。
　早口になったり声が小さくなったりしないように，練習させておきましょう。

**2　児童生徒との出会いの場づくり**

　児童生徒への挨拶は，全体での挨拶とクラスでの挨拶の２つがあります。

　全体での挨拶は，最近は校内放送で行われる場合もあります。気をつけたいことは，相手に応じた内容や話し方です。小学校や幼稚園で実習する場合は，小さい子にも理解できるように「ゆっくりはっきり」「優しい言葉遣いで」挨拶をさせましょう。先生として挨拶をし，くだけすぎて場の雰囲気を壊さないように気をつけさせます。

---

**【例文】**

　○○小学校のみなさん，おはようございます。私の名前は○○と言います。教育実習生として今日から○週間，みなさんと一緒に過ごさせてもらいます。みなさんと一緒に勉強したり遊んだりするのを楽しみにしています。教室や廊下で会ったら，ぜひ声を掛けてください。よろしくお願いします。

---

　クラスでの挨拶は，全体よりももっと長く話すことができます。児童生徒と仲良くなるためには，自分のことを知ってもらうことが大事です。そこで，自分自身の話をさせて，趣味や自分の学生時代のこと，好きな給食などを入れさせてもいいでしょう。

　小学校などでは，時間に余裕があれば，１時間使って歓迎会を行うことも考えられます。その際には，子どもたちに企画させて，子ども主体で行うとよいでしょう。プログラムとしては，歓迎の言葉，実習生の挨拶，ゲームなどが考えられます。おすすめは，「実は私……」ゲームです。フルーツバスケットのやり方で，例えば「実は私，ラーメンが好きです」のように自分に関わることを話し，同じだった人は席を立って，空いた席に代わる，というゲームです。実習生のことも分かりますし，子どもたちのことも分かります。後で共通点，相違点をもとに話をすることもできます。

## section 5 　関係する教師・若い教師との つながりをつくる

**POINT!** 先生方とのつながり，特に若い先生とつながりをつくることで，安心感をもつことができます。

### 1　先生方や職員とのコミュニケーション

　まずは教師側が，実習生にとって相談しやすい環境をつくることが大事になります。そのために，p.12でも紹介した「雑談」「褒める」「話をしっかり聴く」などを行っていきます。そして，実習生は知らないこと，できないことがあって当たり前なので，遠慮せずに質問をしたり，指示を仰いだりするように伝えましょう。教師や職員とコミュニケーションがとれるように，次のようなことに気をつけるように言っておくと，関係がスムーズにいきます。

・出勤時の「おはようございます」退勤時の「お先に失礼します。お疲れさまでした」などを明るく元気な声で言う。
・先生方に話しかける際は，「今よろしいでしょうか」「お時間をとっていただけますか」など，相手に配慮する言葉を伝える。
・授業を見せてもらったとき，見てもらったときは，すぐにお礼の挨拶をする。また，貴重な時間を割いてもらったことへの感謝を伝える。
・職員室に入るときは，はっきりと「失礼します」「失礼しました」などの挨拶をする。また，必要以上の職員室への入室は控える。
・他の先生方と，自分から積極的に話をし，多くのことを語るとよい。
・廊下ですれ違ったら，挨拶や会釈をする。

**2 若い教師，他の実習生とのコミュニケーション**

　指導教員や実習担当教員となかなか話しにくいという実習生もいます。そこで，若い教師とつないで，積極的に声を掛けてもらうようにします。研究授業もありますので，その授業研究を一緒に行うことで，話す機会をつくるのもいいでしょう。年齢が近いので，よき相談相手になります。

　実習生が複数いる場合は，ともに学び合う他の実習生とのコミュニケーションも大切です。実習を通して同じ悩みや楽しみをもち，相互に相談したり励まし合ったりする中で，よりよい解決策が見つかるでしょう。実習生で一緒に話をしたり雑談をしたりする場を早くつくることで，実習生同士をつなぐことができます。

 **3 不安を聴く時間をとろう**

　初日を終え，放課後には少し長めに実習生の話を聴く時間をとりましょう。初日は特に緊張しているでしょうから，その緊張をほぐしてあげることが大事になります。「今日はどうだった？」と尋ね，うまくいったことを褒め，不安なことがあれば聴きましょう。適切なアドバイスも必要ですが，話を聴いてもらうだけでも安心できます。いろいろと指導教員が言わなくても，実習生から話を引き出すようにするとよいでしょう。

---

**【聞き上手の３つのスキル】**
(1)需要のスキル…相手の話を否定せず，ありのままに受け入れる。
(2)傾聴のスキル…相槌を打ちながら，目を見て真剣に耳を傾ける。
(3)質問のスキル…要所要所で質問をして話をまとめたり，理解を深めたりする。

---

　指導教員として指導したいことも多くあるかもしれませんが，話を聴きよさを認めることで，次の日からの実習の意欲を高めるようにします。

## section 6　実習期間と 1 日の流れの見通しをもたせる

POINT!

> 実習の 1 日目を行うと，実習のイメージが少しできます。
> 実習期間や 1 日の流れの見通しをもたせ，意欲を高めましょう。

### (1)　実習期間の見通しをもたせよう

　事前の打ち合わせの際に，実習生がやりたいことや不安なことなどを尋ねて，それをもとに教育実習プログラムを作成しています。そのプログラムをもとに，もう一度実習生と実習の見通しについて話し合いましょう。

　実習生は，思ったより準備に時間がかかることもあります。また，達成感を感じさせるためには，細かい指導も必要になるでしょう。授業の準備をするための時間も，可能な限り設定してあげると，準備を十分にでき，余裕をもって実習を行うことができます。実習生の思いを引き出しながら，変更できるところは変更していきます。また，実習を行っていきながら変更の相談もしてほしいことも伝えます。見通しをもち，研究授業までどんなことをすればよいかを考えて実践を支えていきます。

| 日 | 曜日 | 行事 | 1 | 2 | 3 | 4 | 5 | 6 | 放課後 |
|---|---|---|---|---|---|---|---|---|---|
| 7 | 火 | 講話集会 | 授業国語 | 教材研究 | 授業参観4年3組 | 授業体育 | 講話人権教育 | 教材研究 | 掃除指導について |
| 8 | 水 | 歯科検診 | 授業参観6年2組 | 教材研究 | 授業国語 | 授業参観4年3組 | 授業社会 | 教材研究 | 係活動について |
| 9 | 木 | | 授業算数 | 授業参観4年3組 | 教材研究 | 授業参観2年2組 | 授業国語 | 教材研究 | 保護者との連携について |

**2　1日の流れの見通しをもたせよう**

日によって違うとは思いますが，大まかな1日の流れを示します。朝の打ち合わせでは，実習日誌を手渡し，簡単に前日の活動についての助言をします。また，授業見学，実地授業等の1日の予定を打ち合わせたり，学級活動の朝の会，帰りの会で話をしてもらう際には事前に言っておいたりするよう伝えます。授業を

| | |
|---|---|
| 午前 | 登校 |
| | 指導教員との打ち合わせ |
| | 職員朝礼参加 |
| | 学級活動指導（朝） |
| | 授業見学・授業・講義・教材研究等 |
| 午後 | 給食・掃除 |
| | 授業見学・授業・講義・教材研究等 |
| | 学級活動指導（帰り） |
| | ミーティング |

見せていただいたり，その日お世話になったりする先生への挨拶やお礼なども言っておくよう指導します。

　授業参観をする場合は，その授業で見るべき視点，子どもたちの様子，学級づくりのポイントなども指導しておきます。

　給食や掃除の指導も，学級担任と一緒に行います。学級経営の上でも大事な時間なので，しっかりと指導のポイントを意識するように伝えます。

　ミーティングは放課後に設けますが，余裕があれば午前にも設け，相談にのったり授業について話したりするとよいでしょう。放課後のミーティングでは，実習生にその日のよかったこと，困っていることなどをたくさん話してもらいましょう。よかったところを褒め，困っていることにはアドバイスをします。また，中学校，高校では，部活動指導への参加があるかと思います。部活動は，生徒の個性を伸ばしたり，心身を鍛えたり，人間性を豊かにする上でも非常に大切な活動です。実習期間中に参加してみることもよい経験になります。また，子どもたちの能力・資質を新たに発見したり，コミュニケーションのきっかけにもなったりします。ただし，教育実習中は，教科指導や学習指導が最優先になります。指導教員にも相談しながら，できる範囲で参加させます。

# section 7 授業記録の書き方の指導と初日の振り返りを行う

POINT!

実習日誌の書き方を指導します。授業記録の書き方も指導することで授業を細かく見ることができるようになります。

## 1 授業記録の書き方を指導しよう

### ❶ 実習日誌と別のノートを使う

実習日誌を書く目的や書かせ方については，Chapter 2 章の 8 （pp.36〜37）に詳しく書いていますので，そちらを参照ください。

実習日誌には多くのことが書けないので，授業を見た際や講話を聴いた際には，別のノートにメモをしておくことが大事になります。特に授業は，授業記録を取っておくと後で見直して大事なポイントを整理しやすくなります。

### ❷ 記入する内容

まず，疑問に思うことや難しいと感じていることを「その日の自己課題」として設定し，それらに注目した記述を心がけさせましょう。例えば，「児童生徒理解」「板書」「褒め方と叱り方」などキーワードを決め，それについて重点的に観察したり，考えたりしたことを記録するように伝えます。

授業の様子は，具体的に書かせます。指導案のような形式で，「児童生徒の活動など」「教師の支援」「気づき」などの枠をつくり，授業の流れに沿って記録させます。特に，子どもの発言や行動，教師の発問とその意図，自分が考えたこと・感じたこととその根拠等について書くように心がけるように伝えましょう。気になった出来事については，どのような会話をしたのか，どのように声を掛けて指導したのか，そのときの子どもの表情はどうだったか，などを具体的に，できるだけ正確に記録することを伝えます。どのよう

な言葉を使ったかが後の考察で重要になることがあります。

| 6月15日（木）3時間目　国語　3年　〇〇先生 |
|---|
| 学習課題　どうしてはりねずみは金貨を道ばたにおいたのか |
| 自己課題　授業でどのように児童の活動を入れられているかを見る。 |

| 児童の活動 | 教師の支援等 | 気づき |
|---|---|---|
| ・今日の学習の課題について知る。<br><br>・最後の場面を音読する。<br><br>・ノートに自分の考えを書く。<br><br>・赤鉛筆を持ち，席を離れて友達と意見を交流する。<br><br>・グループで意見を話し合う。<br><br>・全体で話し合う。 | ・学習計画と子どもの初発の感想を示し，今日の課題を明確にした。<br><br>・「全員起立。今日の課題を考えながら6の場面を音読しましょう。1回読んだら座ってもう1回読みます」<br><br>・「書いた人は，席を立って友達と意見を交流しましょう」<br><br>・「班をつくります。1番の人が司会をして，話し合ってください」 | ・学習計画を立ててある。初発の感想を使って今日の学習課題ができているので，子どもも意欲を高めやすい。<br><br>・早く書いた子どもは，自由に席を立って意見を交流している。書く時間がかかる子どもも書けるようになっている。赤鉛筆で友達の意見をノートに付け足している。教師は，意見を増やしている子どもを褒めて，意見の交流のよさを伝えている。<br><br>・班での話し合いを入れることで，全員が話し合いに参加できるようにしている。 |

　これらの授業記録等をもとに，それを実習日誌にまとめるよう指示します。板書は，授業者の先生にお願いして写真に撮らせておくと参考になります。

## ② 初日の振り返り

　放課後のミーティングの時間に振り返りを行います。時間はできるだけ長めにとります。今日うまくいったところ，うまくいかなかったところ，悩んでいるところなどを話してもらい，それに対してできるだけ具体的に助言をしていきます。また，明日の実習の計画などについても話し合います。中学校や高校では，学級担任が学級活動や道徳，教科担当が教科の指導にあたるなど，連携して指導にあたります。

## section 8　指導案の形式を指導する

POINT!

指導案を作成する意義や役割を授業者に伝えましょう。
そして，各教育委員会の示した指導案を参考にしましょう。

### (1) 指導案とは何かを伝えよう

　指導案は，授業者が授業を行う上で必要な設計図もしくは授業者の「作戦」を紙面上に表したものです。指導案を作成する意義や役割には，次のようなものがあります。

---

(1)立案することで，児童生徒の実態に応じた授業を構想する上で足りない部分を明らかにでき，単元構想，授業構想を固めるとともに，成果や課題を明確にすることができる。

(2)授業の流れや発問を言語化する中で，適切な問いや言葉の吟味を行う。

(3)児童生徒がどのような発言をするかを想定して書くことにより，実際の授業で教師の対応がスムーズに行われるとともに，教材化や児童生徒の視点を身に付ける。

(4)教師間で学習指導に関する情報を共有し，他の教師に，授業者の意図を理解してもらう。

---

　実習生には，誰が読んでも授業の流れや児童生徒の姿がイメージできるように書かれるべきであるという点を，十分に押さえておく必要があります。

　また，指導案の「案」とあるように，あくまでも事前の計画であり，実際の授業では，目の前の児童生徒の様子を細やかに観察し，その場に応じた適

切な指導を行うように指導したいものです。

 **2　指導案の形式**

　指導案として決まった形式はありません。大切なことは学習指導要領に基づき，単元（題材）や本時の目標を達成するための学習内容や学習活動を分かりやすく示すということです。また，育成を目指す資質・能力を示し，学習評価についても記述することにより，指導と評価の一体化を図ることも重要です。各教育委員会から指導案の形式の例が出されていますのでそれを使うか，特に規定がない場合は大学で書いてきた形にするのか，学校で話し合って決めるといいでしょう。また，教科によっても指導案の書き方が変わってきます。最近は，ずいぶん簡略化した書き方も増えてきているように思います。次の内容は，ほぼ共通しています。ポイントを示します。

---

(1)単元名（題材名）

(2)授業日時と授業者名（授業者名の後に押印をする）

(3)単元の目標（児童生徒に即して書く）

(4)評価規準（具体的な子どもの姿として書く）

(5)単元設定の理由（教材観）（教師の側からの観点）

(6)児童生徒の実態（児童生徒観）

(7)展開計画（この中に本時を位置づける）

(8)本時の目標（児童生徒側からの目標「……できる」）

(9)本時の展開

(10)評価（「本時の展開」に評価の欄を設けて書く場合と，「本時の展開」の最後に，児童生徒が到達した姿として書く場合がある）

---

　具体的な書き方については，この後，pp.60〜69で示します。各教育委員会からは，指導案のフォーマットだけでなく，参考となる指導案集なども出されているので，児童生徒の実態を踏まえて指導案を書かせましょう。

## section 9　教材研究の仕方を指導する

POINT!

> 授業をつくる際は，教材研究が大事です。実習生には教材研究は難しいので，指導教員が一緒に丁寧に指導します。

### 1　教材研究とは何かを教えよう

「教材研究」とは，教える側が「教える材料としての研究を行う」という意味です。国語の指導で著名な野口芳宏先生は，国語の教材研究を次の3段階で考えられています。これを，各教科で考えていくことを指導します。

(1)**素材研究**　…一読者として総力を上げて読むこと。自ら作品を読み込み，感想を自分の言葉で書き出す。例えば，この作品の魅力はどこか，ここはこう解釈すべきだ，ここはこう味わうべきだ，などの**読みの理想を考える**。

(2)**学習者研究**…読みの傾向を分析し，どのように読まれる可能性があるか，どの程度の解釈が分かれるかなどを想定する。子どもの反応から，**現在の子どもの読み取りの抵抗や限界をつかむ**。指導事項（何を指導すれば子どもがもっとよくなるか）を明らかにする。

(3)**指導法研究**…どのような**学習方法**がふさわしいか，どのような**指導言**がふさわしいか考える

**授業づくりを行おう**

　前述の教材研究の仕方をもとに授業づくりを行っていきます。実習生はやり方が分かりませんから，指導教員と一緒に作り上げていくようにします。

**❶ 素材研究を行う**

　教材について，情報を集めて内容を深めます。素材そのものの価値や本質，面白さやよさを見つけます。事前の打ち合わせの際に，おおまかな研究授業の内容を決め，指導教員が素材研究のやり方について教えておくといいでしょう。実習中は忙しくなりますので，素材研究は，実習生が実習に入る前の時間的に余裕のあるときにやっておくことを実習生には勧めましょう。

**❷ 学習者研究を行う**

　まず，単元の目標を明確にし，何を教えるか，子どもは何ができて何が分かり，何に気づけばよいかなどの指導内容を明確にします。学習指導要領解説なども使います。そして，子どもの実態を把握します。普段の子どもの実態を把握している指導教員が細かくアドバイスをしましょう。その中で，子どもたちはどこが分からなさそうか，どんな間違いをしそうかなどを想定して，学習のめあてをどうするかを考えていきます。

**❸ 指導法研究を行う**

　実態と目指したいゴールの姿とのズレやギャップが課題となります。子どもにとって分かりやすい言葉でめあてを考えましょう。そして，学習の展開を考えます。

　指導言では，発問も大事ですが，説明する力がポイントになります。学習活動をどう説明してどんな言葉で指示を出すか，どんな言葉が子ども全員に伝わるのか考えます。その他，全員が授業に参加できるような学習の展開の工夫やそのために有効な学習形態などを考えます。板書も思考を助け，思考活動を活発にするために大事なものです。計画をしっかりと立てるようにします。資料や教具等も吟味します。特に ICT も活用できないか考えるとよいでしょう。

# section 10　単元や本時の目標の書き方を指導する

POINT!

単元や本時の目標の書き方には様々な方法があるので，検討して学校で決めて統一するようにしましょう。

## ①　単元の目標の書き方を指導しよう

　単元の目標は，一般的に学習指導要領の教科・学年・目標・内容等をもとに子どもの実態に応じて書かせます。この単元で，どのような資質・能力をどのような学習活動を通して育成するかを，資質・能力の３つの柱ごとに三文に分けて記述したり，資質・能力の３つの柱に沿って一文程度で記述したりする方法があります。子どもの学習目標（「〜できる。」「〜しようとする。」）で書く場合と教師の指導目標（「〜できるようにする。」「〜しようとする態度を育てる。」）で書く場合があります。どちらで書くかは，学校の書き方に合わせるように指導しましょう。

---

**【三文に分けて記述する例】**

(1)事柄の順序など情報と情報との関係について理解することができる。

〔知識及び技能〕（２）ア

(2)相手に伝わるように，行動したことや経験したことに基づいて，話す事柄の順序を考えることができる。

〔思考力，判断力，表現力等〕Ａ（１）イ

(3)言葉がもつよさを感じるとともに，楽しんで読書をし，国語を大切にして，思いや考えを伝え合おうとする。　〔学びに向かう力，人間性等〕

※学習指導要領のどの指導事項を受けた目標なのかを，末尾に記述する。

---

> **【一文程度で記述した例】**
> 　事故や事件から地域の人々の安全を守る活動に従事する人々の工夫や努力を知るとともに，関係諸機関と緊急事態に備えた連絡・活動の仕組みについて理解し，社会の一員として，自分たちにできることを考えようとする態度を養う。

　実線は「知識及び技能」，二重線は「思考力，判断力，表現力等」を，波線は「学びに向かう力，人間性等」を示しています。

## ② 本時の目標の書き方を指導しよう

　本時の目標は，単元の目標を具体化し，この授業を終えたときに児童生徒がどのような姿になるのが望ましいか，どのような力が付いていればいいのかを記述させます。「指導と評価の計画」の該当する時間との整合性に留意する必要があります。こちらも，指導者の立場で書く場合と，児童生徒の立場で書く場合があります。できるだけ一文でまとめるように，簡潔に示させます。書き方も様々にありますが，１つの例を示します。

> ○○について，△△することを通して，□□することができる。

　「○○について」は，本時の学習内容や学習課題などについて記述します。教科によっては抽象度の設定が難しいため，記述しにくい場合もあります。
　「△△することを通して」は，目指す姿にするための活動や手立てを記述します。「□□することができる」は，本時で目指す児童生徒の姿を記述します。本時の目標も，各教育委員会で推奨されている書き方がありますので，それを参考に，学校で書き方を決めて，統一して書かせるようにします。

## 教材観，児童生徒観の書き方を指導する

POINT!

教材観は，本時・本単元の目標に到達するためのポイントを書かせます。児童生徒観も本時・本単元の実態を書かせます。

### ① 教材観の書き方を指導しよう

　教材観とは，教材について，それが子どもたちにとってどのようなものなのか，ポイントは何なのかということを書きます。「本時，本単元の目標に到達するためにどうなのか」という点に絞って書かせます。次のようなことを書くように指導します。

---

(1)単元・題材の説明とその価値や意義，選定した理由
(2)単元・題材に対する教師の考え（子どもたちにとってどうか）
(3)その単元・題材を取り扱うことにより期待される効果及び指導仮説
　　（教師の思い），系統性，身に付けたい学習方法　　　など

---

例えば，次のような記述になります。

---

　本教材「モチモチの木」は，臆病な豆太が…の物語である。文章構成の特質としては，5つの場面が小見出しで…物語の出来事やあらすじが捉えやすい。そのため，…叙述と結び付けて想像していく読みを獲得させることができる。また，子どもたちが成長していく豆太に感情移入しやすく，…学習活動に適した教材であるといえる。

---

**2** **児童生徒観の書き方を指導しよう**

　児童生徒観では，教材観で書いた内容に対して，児童生徒の実態はどうなのかを書かせ，教科の目標に関係ない学級の状態は書かないようにさせます。

---

(1)単元・題材に対する学習経験，興味・関心，認識等
(2)単元・題材に対する理解度，習熟度等
(3)単元・題材に対する児童生徒の実態の変容，総括　　　など

---

例えば，次のような記述になります。

---

　本学級は，かけ算の学習には意欲的に取り組む児童もいるが，問題文の読み取りが浅く，何を問われているか理解するのに時間がかかる児童もいる。間違うことを嫌がり，自分の考えを説明するのに苦手意識をもっている児童も数人いる。かけ算の練習は，帯時間を使って練習問題を行い，早く確実に答える児童が増えてきている。レディネステストの結果から既習問題はほとんどできていたが，分配法則を使って被除数を分ける問題の正答率は80％で，十分には理解していないことが分かった。

---

なお，レディネステストの結果を表にして，考察を書く場合もあります。

| 問題内容 | 正答率 |
|---|---|
| ①長方形を重ねてはみ出した部分から，3つの長方形の広さを比べ，広い順に並べる。 | 87.5％ |
| ②単位換算　　　　1 m =□ cm<br>　　　　　　　　1 km =□m | 71.9％<br>96.9％ |
| ③正方形が並んだ図を見て，正誤を考え，○×をつける。 | |

　①では，…ことが難しい児童が見られた。②では，…。③では，…。
以上の結果から，本学級の多くの児童は…といえる。

# section 12　指導観の書き方を指導する

POINT!

> 指導観は，子どもたちを目標に到達させる「手立て」を，はっきりと書かせることが重要です。

## ① 指導観の書き方を指導しよう

　教材観や，児童生徒観を踏まえて，教師がどのように指導を展開していくかを述べさせます。それぞれの教師の個性や工夫を最も表現しやすいのが，この指導観です。

---

(1)単元・題材観と児童生徒観を踏まえた，指導や支援の重点，目標等
(2)学習の流れに沿った指導目標に対する中心となる手立てや指導の工夫，学習形態，学習環境，児童生徒の能力を伸ばす教師の支援，その他配慮事項等　　など

---

　「主体的・対話的で深い学び」の視点に立って（子どもが自分の考えをもつようにする，交流を通じて思考を広げる，知識を相互に関連付けてより深く理解する等），単元（題材）全体についての重点項目や注意点，工夫点を場面や手立てを明らかにして述べさせます。

　指導内容を絞らせましょう。また，支援を要する児童生徒への具体的な手立てについても書かせます。関心・意欲・態度などの情意面のねらいについても書かせましょう。また，校内研究等のテーマと関連があるときは，それについても記述させます。

　例えば，次のような記述になります。

　本単元のゴールは，「くらしの中の和と洋の紹介文」を書くことである。和と洋のよさをどのように比べているかを読み取り，それを紹介文づくりに生かしていく。身近にある「和」と「洋」のよさについて，…まとめる力を育てたい。そのために，第一次では，…。第二次では，…。本時では，筆者の構成の工夫を見つけ，紹介文の書き方を考える。ロイロノートで3つのまとまりの文章を書いたカードを送り，それを入れ替えて考えることで，分かりやすい説明について考えるようにする。第三次では，…。

## ② 単元の評価規準の書き方を指導しよう

単元目標を実現できたと判断する児童生徒の具体的な姿を書かせます。

| 知識・技能 | 思考・判断・表現 | 主体的に学習に取り組む態度 |
|---|---|---|
| ①様子や行動，気持ちや性格を表す語句について理解し，語彙を豊かにしている。((1)オ) | ①「読むこと」において，登場人物の気持ちの変化や性格，情景について，場面の移り変わりと結び付けて具体的に想像している。（C (1)エ）<br>②「読むこと」において，文章を読んで感じたことや考えたことを共有し，一人一人の感じ方などに違いがあることに気付いている。（C (1)カ） | ①進んで登場人物の気持ちの変化や性格，情景について，場面の移り変わりと結び付けて具体的に想像し，学習課題に沿って感じたことや考えたことを文章にまとめようとしている。 |

　知識については，文末を「～している」，技能については「～できる」として評価規準を作成させます。思考・判断・表現については，「～している」とし，主体的に学習に取り組む態度については，「～しようとしている」とさせます。なお，主体的に学習に取り組む態度は，粘り強く取り組んでいるか，自らの学習を調整しようとしているかを含めて評価していくように伝えます。

　単元の目標と評価規準は表裏一体です。また，教科によって評価の観点は異なる場合があります。

## section 13　本時の展開の書き方を指導する

POINT!

　　　本時の展開は，「単元の目標」「指導と評価の計画」との整合を図って書かせていきましょう。

### ① 本時の展開の書き方を指導しよう

　本時の展開は，指導案の中心部です。形式は，何を中心に授業改善を図っていくか，どのような姿勢で授業に取り組むかにより，各学校により盛り込む内容や形式は必ずしも一定ではありません。しかし，盛り込まれる内容としては「過程」「学習活動」「指導上の留意点」「評価」などは共通して盛り込まれることが多いでしょう。どのようなことを書いていくか，について具体的に指導していきます。

| 過程 | 学習活動 | 指導上の留意点 | 評価 |
|---|---|---|---|
| | ・ | ・ | |
| めあて（本時の目標を達成するための学習課題を児童生徒向けの言葉で提示する） | | | |

### 【過程】

　授業の過程は，大きく，導入・展開・終末（まとめ）の３段階で行われます。時間も書いておいて，見通しをもって授業をさせます。

### 【学習活動】

　この時間にどんな活動を通して，何に気づき，何を追究するのかを簡潔に「〜を書く」「〜について考える」「〜について話し合う」など子どもの姿で記述させます。さらに，「学習場面の設定」や「学習形態」についても配慮させましょう。この中に「予想される児童生徒の反応」を入れる場合もあり

ます。教師が子どもの学習意識の流れを予想して試みた展開に対し，子どもはどんな反応を示し，どんな追究をしていくかを考え記述させます。「…するだろう」と予測した記述や「〜だなあ」「〜しよう」など，考えや発言，つぶやき，意識などを記させます。本時の学習の鍵となる考えや意識などを記入することも考えられます。

【指導上の留意点（教師の支援）】

「〜を示す」「〜を問う」など，教師の指導過程を教師主体で書かせます。学習活動に対する子どものつまずきを想定して，示範や助言，発問，指名による子どもへの指導や支援方法を考えて用意しておきます。学習活動と教師の指導・支援との関わりを対応させて書かせます。

児童生徒が主体的に学習活動に向かうためには，指導者の説明を一方的に聞くだけではなく，多様な学習集団を活用した指導形態を取り入れる必要があります。「学習形態」も考慮して記述させておきます。複数指導の場合は各教員の役割や指導内容の分担がはっきりと分かるように区分して記述させます。また，教育的支援や配慮を必要とする児童生徒の反応を想定して個に応じた具体的な手立てを記述するように伝えます。

【評価】

1時間の学習を振り返り，「本時のねらいが達成されているか？」という視点で評価させます。児童生徒の立場で書くように指導します。

評価規準は，各教科等の特性を生かした表記を参考にし，評価方法も記述させます。評価の場面は，多くせずに1，2箇所に絞らせます。評価規準に合わせて，評価の観点名を明記させます。評価方法を具体的に書かせます。例えば「発言の内容」「行動の観察」「ノート・ワークシートの記述」などです。この欄に評価規準と一緒に，努力を要する状況と判断される児童生徒への手立てを書く場合もあります。

# section 14
## 効果的な授業形態の選択の方法を指導する

POINT!

児童生徒が主体的に学習に向かうために，学習形態を工夫し，適切な支援を行っていきましょう。

## ① なぜ多様な学習形態を取り入れた方がよいかを考えさせよう

児童生徒が主体的に学習に向かうためには，教師の説明を一方的に聞くだけではなく，一人一人が主体的に活動できる場面が必要となります。そのため，次のような点に気をつけながら学習形態を工夫させていきます。

・その学習形態を使って，何をどのような目的で行うのかを児童生徒が具体的に理解できるように学習の価値を説明しておく。
・活動に必要な十分な時間設定をしておく。
・グループ学習などで効果的な話し合いができるように，児童生徒が指導者に頼らず自分の力で活動できるように，手順や進め方を事前に児童生徒に十分に指導しておく。

それぞれの学習形態の効果と留意点をしっかりと理解した上で授業の中で組み合わせて使っていかせます。実習期間で行える授業数は限られていますが，授業見学を通して多様な授業形態にふれさせることも大切です。

## ② 学習形態の例と効果・留意点（○効果　●留意点）

### ［一斉指導］

学級全体の児童生徒を対象に進める形態で，指導者が説明したり，児童生

徒と問答をしたりして，全員で同じ内容の学習を進める。

　　○多様な考えを交流させることで，思考が深まる。

　　●受け身にならないように，説明の仕方，発問，教具等に工夫が必要。

［ペア学習］

　　ペアを組み，簡単な内容について，比較的短い時間で話し合い作業を行う。

　　○気軽に考えを交流したり，互いの学習状況を確かめたりしやすい。

　　●ペアの一方だけの発言や活動に偏らないように，話し手と聞き手を適宜
　　　交代したり，均等に役割を分担したりするなどの配慮が必要である。

［グループ活動］

　　グループで考えを交流したり話し合ったり，作業を協力して進めたりする。

　　○学習者の興味・関心や習熟度などを考慮したグループを編成することで，
　　　学び合いの充実が図られる。学習が遅れがちな子も消極的な子も発言し
　　　やすく，主体的に学習に参加することが期待できる。

　　●一部の児童生徒だけで学習が進まないように，グループ学習のねらいを
　　　子どもたちと共有し，見通しをもって活動できるようにする。

［個別学習］

　　児童生徒が個別に学習に取り組む形態である。

　　○一人一人の能力や適性，習熟度に対応することができる。

　　●個別に取り組んでいる時間に，一人一人の学習状況を把握し，必要な場
　　　合は個別に指導・支援を行う。教師一人では支援しきれない場合もある。


※例えば，学習活動のねらいと内容，手順などを確実に理解させるために**個
　別**の前に**一斉**を設定したり，**個別**で構築した自分の考えを**グループ**で話し
　合わせたりする等，学習活動の流れに即した組み合わせが考えられます。
　また，**グループ**での学習活動がうまく進められない状況の場合には，一旦
　**一斉**に戻してから再度**グループ**での活動に取り組ませるなど，児童生徒の
　状況に応じて学習形態を変えていく必要があります。

section 15

# 指導言（説明・発問・指示）について指導する

POINT!

授業をつくる上で指導言は大事です。指示や発問の計画を立て，予想される反応について検討しておきます。

## 1 指導言とは何かを指導しよう

指導言とは，授業で教師が発するすべての言葉のことです。教師の指導言には，大きく「説明」「指示」「発問」の３つがあります。堀裕嗣氏は note の記事「指導言の十箇条」\*の中で，次のように示されています。

> **説明**…授業のフレームや〈発問〉〈指示〉の前提をつくる指導言
> **指示**…子どもたちの行動に働きかける指導言
> **発問**…子どもたちの思考に働きかける指導言
> 【指導言の十箇条】
> (1)丁寧語を基本とする　(2)ノイズを取り除く　(3)説明の命は「具体例」である　(4)指示の命は「規模」である　(5)発問の命は「子どもたちの分化」である　(6)事象の説明の命は「見える化」である（具体物，モデル，図示，描写）　(7)方法の説明の命は「見通し」である（順次性を追って説明）　(8)起こりうるミスを事前に伝える　(9)指導言には「攻め」と「受け」がある（子どもの反応への応対）　(10)「間」も指導言である

## 2 発問のポイント

野口芳宏氏によると，「質問」とは，解が分からない人が，分かっている

人に問い質すことで,「発問」とは,子どもの理解力や思考力を鍛えるために,答えを承知している教師が,問いのかたちをとって質問することです。

また,野口氏は発問の作り方の公式として,「(読みの理想状態)－(子どもの読みの現状)＝発問」を示されています。自分で考え導き出すという作業を行う方法が発問です。

---

①発問の方法を使い分けることで思考が広がり,深まる

　ア　答えが限定的な発問…全員参加につながる答えやすい発問も大事。

　イ　多様な意見を引き出す発問…正誤や深浅を尋ねたり,対立や分裂
　　　　　　　　　　　　　　　　　　　が生まれたりして,学びを深める。

②「ゆさぶり発問」で自分の考えを見直すことができる

　「こっちも大事じゃない?」「本当にこれでいいの?」「これはどうかな?」

③子どもへの「問い返し」でより思考が深まる

　「なぜですか?」(理由)「どのようにして?」(方法)「意味は?」(意味)「どこから分かる?」(根拠)「どう違うの?」(違い)

---

**③　指示のポイント**

発問と指示をワンセットにして考えて,答え方を具体的に指示することで,授業に参加させることができます。下記は,指示のポイントです。

---

(1)簡潔明瞭に指示を出すこと (指示が守れたら褒める)

(2)一度にたくさんの指示をしない (区切って出す,確認する)

(3)指示の追加はしない (活動中の指示は子ども全員には届かない)

(4)指示の言い直しはしない (子どもが混乱し,学習の妨げになる)

(5)早く終わった子への指示も忘れない (飽きて騒がないように)

---

＊「指導言の十箇条」 https://note.com/hirotsugu1966/n/n74e3e1c5dc8d (2024年1月9日最終取得)

## section 16　板書の仕方について指導する

POINT!

> 板書を見るとその授業の流れが分かります。必要な情報が共有できます。実習生も板書計画を立てることが大事です。

### （1）板書の役割と板書計画の留意点を指導しよう

丹伊田弓子監修,『板書のしかたとノート指導』（新星出版社）では，板書の役割に基づく板書ルールが5つ挙げられています。

---

(1)学級で情報を共有し一緒に学ぶ→単元名や今日のめあてを書く

(2)学習の理解と定着を図る→学習内容を絵や実物で見せる

(3)ノートのお手本となる→ノートをとる場所を指示する

(4)考え方のプロセスを共有する→学習内容を流れで見せる

(5)授業への興味を持たせ子どもの参加を促す

　→子どもの言葉で板書を作る

---

また，よい板書の条件として，次の3つを挙げています。

---

(1)全体を眺めたときに，その日の授業の学びの流れが見える

(2)板書した「めあて」と「まとめ」が対応している

(3)一時間の内容が一枚にまとまっている

---

教育実習においては，その時間の授業目標や内容を考慮した板書計画を事前に立案するよう指導する必要があります。

### ❶ 語彙と表現

　児童生徒の発達段階に応じた語彙や表現を用いること。義務教育段階では，学年別漢字配当表に留意すること。どんな漢字が使えるか，どんな表現が分かりやすいか，板書計画を立てながら実習生に助言しましょう。

### ❷ チョークの色・文字の大きさ

　重要度に応じてチョークの色を使い分けること。ただし，誰もが見やすい配色に考慮すること。白を原則とし，重要箇所は黄色を使いますが多用しません。赤・青は，傍線や文字囲み，矢印などに使います。字の大きさは教室の最後列からでも読み取れる大きさで書くように意識させます。

### ❸ 記号等の整理

　矢印や文字囲みなどは，論理的一貫性をもって用いること。同種の矢印や記号は，同種の関係性や項目にだけ使うことを伝えます。

## ②　板書の技術的な留意点

　ノートを書く速度の個人差にも配慮して，全員が書けるようにします。

### ❶ 文字

　丁寧に書くこと。筆順の間違いにも注意させます。子どもからの信頼を損ねないように，授業で使う可能性のある漢字は，筆順をチェックさせておきます。

### ❷ 文字の配置

　横書き板書のときは３段組くらいが適当。縦書きでは文字が多くなりがちなので，文字の大小や傍線，文頭記号などを織り交ぜて見やすくさせます。

### ❸ 立ち位置と姿勢

　板書しながら説明するのは避けるように伝えます。板書の時間はできるだけ短くさせます。板書後は，児童生徒が板書を見やすいよう立ち位置を配慮させます。

　小→中→高と進むにつれて，生徒の板書への依存度も高くなります。中・高こそ，学習のプロセスを検討し，計画的な板書を心がけさせましょう。

# 効果的な情報機器や教具の活用について指導する

POINT!

授業に ICT や教具を効果的に取り入れることで，興味・関心の喚起や理解力，表現力の育成に役立ちます。

## ① ICT を活用した指導方法

文部科学省が作成した『教育の情報化に関する手引―追補版―』（2020年6月）に載っている，学習場面に応じた ICT 活用事例を実習生に紹介します。

【一斉学習】

### ・教員による教材の提示

画像の拡大提示や書き込み，音声，動画などの視覚的で分かりやすい教材を活用して，学習課題を提示・説明する。

【個別学習】

### ・個に応じた指導

情報端末を用いて，一人一人の習熟の程度に応じた学習や，知識・技能の習得に取り組むなど，個に応じた学習を行う。

### ・調査活動

インターネットやデジタル教材を用いた情報収集，観察における写真や動画等による記録など，学習課題に関する調査を行う。

### ・思考を深める学習

シミュレーションなどのデジタル教材を用いた試行により，考えを深める学習を行う。

### ・表現・制作

写真，音声，動画等のマルチメディアを用いて多様な表現を取り入れた

資料・作品を制作する。

・**家庭学習**

　情報端末を家庭に持ち帰り，授業に関連したデジタル教材に取り組んだり，インターネットを通じて意見交換に参加したりする。

【協働学習】

・**発表や話し合い**

　学習課題に対する自分の考えを，電子黒板を用いてグループや学級全体に分かりやすく提示して，発表・話し合いを行う。

・**協働での意見整理**

　情報端末等を用いてグループ内で複数の意見・考えを共有し，話し合いを通じて思考を深めながら協働で意見整理を行う。

・**協働制作**

　情報端末を用いて，写真・動画を用いた資料・作品を，グループで分担したり，協働で作業しながら制作する。

・**学校の壁を越えた学習**

　インターネットを活用し，遠隔地や海外の学校，学校外の専門家等との意見交換や情報発信などを行う。

 **情報機器や教材活用のポイント**

❶ **どのような ICT や教具を使用するか**

　「何を見せる」「何に触れさせる」「何を感じさせる」を考えます。ICT を使って見せる，本物，標本，模型などに触れさせるなど，児童生徒の実感（驚き，感動）を伴った体験的な活動を授業に取り入れるように助言します。

❷ **どのような場面やタイミングで使用するのか**

　指導のねらいに沿って，どこで誰が使用するのかを明確にし，また，場面によって ICT や教具の使用意図が異なるので見せ方もよく検討させます。

❸ **どのような意図で使用するか**

　どのような効果を期待するか考えます。ICT を使わないよさも考えさせます。

## 授業の評価の仕方について指導する

section 18

POINT!　授業では，意図的，計画的に学習を評価し，子どもの反応や評価結果に柔軟に対応し，支援に生かしましょう。

### 1　評価とは何かを指導しよう

教育活動における評価は，大きく3つに分けて考えられます。

---

・**診断的評価**…教師が学習評価を行う前に実施する評価のこと
・**形成的評価**…学習指導の過程において実施する評価のこと
・**総括的評価**…学習指導の終了時において実施する評価のこと

---

　すべての評価活動を「総括的評価」として考えないで，3つの評価を適切なタイミングで適切に活用することで児童生徒の学力向上をサポートすることができます。

### 2　形成的評価の具体的な方法

　形成的評価は，場面や学習内容に応じて，いくつかの方法を用いて行います。例えば，授業中に児童生徒の発言や行動に対して評価言を返したり，机間指導の際に内容や態度をチェックして評価言を伝えたり評価の印を書いたりすることもあります。授業後にワークシートやノートを集めて，コメントを書いて伝えることもあります。このように，いくつかの方法を用いて，多面的に評価をすることが大切です。どの場面で，どんな方法で評価するのかについて計画を立てさせておくとよいでしょう。

**主な評価方法**

**【観察法】**

　教師があらゆる学習場面において，子どもの活動状況や態度を観察することです。評価するための観察に追われて適切な指導ができないことがないように，評価すべき行動や状態をあらかじめ規定しておくことや子どもの行動を予想してつまずきに対応できるようにしておきます。

**【自己評価】**

　評価の対象者である子ども自身が，評価の主体となって自分の学習を振り返ることです。子どもと教師の良好な人間関係があってこそ，適正な自己評価につながることを伝えます。

**【相互評価】**

　子ども同士が評価し合うことです。互いに信頼し，認め合っている関係の中でこそ，相互評価が成立することを子どもたちにも周知するようにさせます。

**【パフォーマンス評価】**

　一般的には習得した知識・技能を使いこなす能力を評価することです。日常的な観察や対話，自由記述式の筆記テストや実技テスト，パフォーマンス課題による評価などがあります。

**【ポートフォリオ評価】**

　ポートフォリオとは，子どもの学習の過程や成果などの記録や作品を計画的に集めたものです。これを使って，学びのプロセスや成果を長期的に評価します。自己評価を尊重しながら，相互評価や教師のコメントなども加えて多面的に評価します。

**【ペーパーテスト（教師自作テスト）】**

　教師が児童生徒の実態を的確に捉え，効果的な指導をするために作成したテストです。テストの結果を授業改善に結び付けていくことが重要です。

# section 19　研究授業までの授業計画を立てる

POINT!

実地授業で授業力を付けさせます。研究授業の準備は早めに行い，余裕をもって授業に臨むようにさせます。

## 1　研究授業（査定授業）までの準備

　実習生にとって一番大事な研究授業です。前述のように，早くから教材研究を行い，授業日も決め，指導教員は，研究授業を意識して実習期間中の実地授業のプログラムを作成します。そして余裕をもって指導案を作成させます。適切な指導助言を行い，可能であれば研究授業で実施する授業の指導案により他のクラスでの授業実践を積み重ねて，研究授業に臨ませます。中学校や高校では，研究授業を実施するクラスの単元の流れを確認したり，他のクラスにおいて研究授業と同じ内容の授業を実施するよう実地授業を計画したりすることにより，研究授業がより完成度の高いものになります。

## 2　研究授業の事前準備

### ❶ 関係資料の事前配布

　次の資料を前日までに実習校のすべての教師に配布させます。

> ・指導案　　・授業で使用する教科書の該当ページや資料
> ・授業評価表（次ページ参照）　　など

### ❷ 研究授業及び授業研究会の参観案内

　研究授業及び授業研究会の当日，職員朝礼などの場において，指導教員ま

たは実習生自身から参観・出席について案内をします。

**❸ 研究授業の会場づくり**

　参観する教師の椅子を準備したり，必要に応じて授業の様子を記録するためのカメラやビデオ撮影の準備をしたりさせたりします。実習生が複数いるときは実習生で協力して準備させます。授業を行うクラスの児童生徒に協力させて準備をしても，学習への意欲が高まるかと思います。

**❹ 研究授業実施後の留意事項**

　授業が終わったら，参観した教師に謝意を伝えるように指示します。

## 3　授業評価表の作成

　授業評価表をあらかじめ作成しておくことで，研究授業や授業研究会がより充実したものになります。また，事前に授業評価表をもとに実地授業を行っていくことで，授業のポイントを知って授業実践ができます。例を示します。

| | |
|---|---|
| 授業の準備 | □本時の目標は，単元構成や児童生徒の実状に照らし適切である。<br>□児童生徒のこれまでの学習状況を踏まえ，教材研究をしている。<br>□児童生徒に興味・関心をもたせる教材解釈や教材開発をしている。 |
| 態度・姿勢 | □明るく前向きに児童生徒に接している。<br>□時間を守り，規律正しく授業を行っている。 |
| 授業の展開 | □学習のねらいを明確にしている。<br>□学習活動の内容に応じて，効果的な授業形態を選択している。<br>□学習意欲を高めるとともに，児童生徒が思考したり判断したり話したり書いたりする活動を適宜取り入れるなど，主体的な学習を促す工夫をしている。<br>□授業時間内に学習のまとめを終えることができ，学習の振り返りと達成感，次時の学習の見通しをもたせている。 |
| 指示・発問・指名等 | □児童生徒が何をすればよいか，的確な指示ができている。<br>□児童生徒の学習意欲を高めたり，様々な考えを引き出したり，思考を深める発問をしている。<br>□声の大きさ，話す速さ，間の取り方，発達段階に即した分かりやすい言葉を使うなど，言葉遣いに十分気をつけている。 |
| 学習者への働きかけ | □学ぶ姿勢や学習規律について，毅然とした態度で指導をしている。<br>□児童生徒の発言や行動を共感的に受け止めるとともに，一人一人に気を配って言葉かけをし，意見を大切に授業を進めている。<br>□発問や机間指導，ノートの観察などで反応を捉え，授業に生かしている。 |
| 板書 | □学習内容を構造的に表現し，分かりやすく板書している。 |

# section 20
# 授業の中で困ったときの対応を指導する

授業をやっていると様々な子どもへの対応に困ることがあります。そのときにどうすればよいかを指導します。

## ① 子どもが教師の話を聞いていないとき

(1)子どもがこちらを向くまで待つ（多用すると授業のテンポが悪くなる）。

(2)手に持っている物を置かせる（「大事な話をするから置いてね」）。

(3)時間を限定する（「1分間話すから聞いてね」）。

(4)聞き取れていた子を褒める（「先生が言ったことが聞き取れた人？」）。

(5)声のボリュームを変える（あえて小さな声で話す等）。

(6)挙手させる（「分かった人？」），返事をさせる，説明させる（「今の説明を隣の人にしましょう」），考えさせる（「何だと思いますか？」），言わせる（「みんなで言ってみましょう」）。

(7)話を聴いている様子が見られた子を褒める。

## ② 授業の妨害をする子がいるとき

授業を妨害する子の多くが「ボクにもっと注目してよ」と認められたい欲求が高いわりに，成功体験が乏しく，失敗を繰り返して自己肯定感が低い子であると感じられる場合が多くあります。以下のようなつまずきへの支援が必要な子なのだと見方を変えるように指導しましょう。

(1)活動の時間や内容を先に示す（見通しがもてるようにする）。

(2)みんなの前で賞賛する（そのために目標を絞る）。

(3)教師の指示量を減らす。

(4)感情の言語化が苦手なので整理を手伝う（「今の気持ちは『むかつく』ではなくて…ということだよね）。

 **取りかかりが遅い子どもがいるとき**

　取りかかりが遅いのにも，様々な理由が考えられます。まず，その子はどうして取りかかりが遅いのかを考えさせてみましょう。そして，その子に応じた支援をさせていきます。授業の中で効果的なやり方を紹介します。

(1)机の上を片付けさせる（気になる物があると遅くなる）。

(2)準備が終わっていない人を立たせる。準備ができたら座らせる。

(3)書いた人には「終わりました」と言って手を挙げさせる。教師は，手を挙げた順番を「１番」「２番」と言っていく。

(4)前の時間に，次の学習の準備をさせてから休み時間にする。

(5)準備が早い子どもを褒める。

(6)ノートを書くのが速い子どもには，ノートに「チータのように速い」とか「新幹線のように速い」と子ども自身に書かせる。

 **課題が早く終わってしまった子どもがいるとき**

　子どもの作業時間には個人差があります。課題が終わっていない子どもに個別指導をしていて，早く終わった子どもをそのままにしておくと退屈してうるさくなることもあります。そのクラスで学級担任がどのようにされているかを尋ねさせて，課題が早く終わった子どもがどうするのかまで考えておかせます。

(1)ミニ先生になって，分からない子どもに教えさせる。

(2)机の中に本を入れておいて読ませる。

(3)お楽しみプリントを用意しておいて解かせる。プリントの準備ができない場合は，電子黒板に少し頭を使う問題を出してあげる。

(4)タブレットの中の学習アプリに取り組ませる。

(5)同じ単元の難しい問題に挑戦させる（早く終わったからと同じような課題を追加すると，嫌がられる）。

# section 21 授業研究会の行い方と 留意点を指導する

POINT! 授業研究会は，実習生にとってとても重要な会です。校内への連絡も確実に行い，会の進行も計画的に行わせましょう。

## ① 授業研究会実施に際しての留意点

　研究授業終了後の授業研究会は，大学に提出する実習生の評価の根拠となるものであるとともに，多くの教師が参加することにより，実習生にとって多くの指導技術等を獲得できる有意義な場となる重要なものです。特に，次の点に留意する必要があります。

---

・校長，教頭，指導教員，教科関係職員，学年関係職員，授業をした実習生，他の実習生等ができるだけ出席できるような日時を検討して組むこと。
・効果的・効率的な研究会になるように，レジュメを作成しておくこと。
・授業者がしっかりした自己評価を行えるように，指導教員が指導しておくこと。
・的を絞った議論や指導助言をできるような会の進行を行うこと。
・必要に応じて，授業を実施した実習生とは別に記録者を設定しておくこと。

---

　p.81で示した授業評価表も作成しておけば，研究授業の際に全員に配布して，それをもとにして授業研究会を行うことでより深い協議が期待できます。限られた時間の中で充実した協議となるように準備をしておきます。

**2　授業研究会の展開例**

　授業研究会は，参加者が順番に授業の感想を述べる従来型の展開方法（A）の他，構成メンバーによっては，視点を定めて協議を行う方法（B）も効果的であり，また近年，多くの学校で実施しているワークショップ型の授業研究会（C）も有効な方法の1つといえます。

| | | |
|---|---|---|
| **1　進め方を説明する**<br>・実習生の紹介，研究会の流れ，時間配分など | | |
| **2　授業の自評を行う**<br>・どのようなことに気をつけて，本時の目標を立てたか。<br>・実際に授業を行って，どうだったか（成果と課題）。<br>・特に意見や助言をもらいたい点は何か。 | | |
| **3　協議** | | |
| ＜従来型＞<br>A | ＜視点を定めて協議＞<br>B | ＜ワークショップ型＞<br>C |
| □授業参観者からの質問<br>・評価・気づき<br><br>※全員が意見を言えるように順番を配慮する<br>・若手教員からベテラン教員へ | □授業の準備・計画について<br>□授業の進め方について<br>□技術・態度について<br>□児童生徒の反応について | ・ワークシートの上に付箋紙を貼り出す。<br>・付箋紙の内容によりグループ化し小見出しを付ける。<br>・グループ化したもの同士の関係を議論し，線や文章で表す。<br>・成果と課題，改善について方向性を見出す。<br>・グループで発表する。 |
| **4　指導教員からの評価・気づき，まとめ**<br>・参加者からの意見を踏まえ，補足や気づきを言う。<br>・実習生の実習期間中の成長の様子を言う。 | | |
| **5　管理職からの総評**<br>・全体を通した総評と実習生への励まし | | |
| **6　授業者（実習生）による今後の取り組みに向けた思い・謝辞**<br>・研究会や実習全体を通して，今後に生かしたいこと，謝辞を述べる。 | | |

section
**22** 学級経営とは何かを指導する

POINT!

学級経営は学習や学校生活の基盤になります。各学級担任が目指す学級経営の姿を実習生に見せていきましょう。

## ① 学級経営とは何かを指導しよう

　児童生徒にとって学級は，学校生活のよりどころ，心のよりどころです。学級は，児童生徒の人間形成に大きな影響を与える場となります。学級経営は，学級担任と児童生徒との相互教育作用を通して，学習や学校生活の基盤となる望ましい学級を築き上げていく実践活動です。児童生徒理解，学習指導，児童生徒指導，教育相談，教室環境整備等の様々な側面があり，学級経営を充実させるためには，それを複合的に展開することが重要になります。

　野中信行氏は，『新卒教師時代を生き抜く学級づくり３原則』（明治図書）の中で，学級づくりの３原則を挙げられています。

①子どもたちとの関係づくり（教室における縦糸・横糸張り）
②学級の仕組みづくり（３・７・30の法則）
③「集団」づくり（「群れ」を「集団」へ）

### ❶ 子どもたちとの関係づくり（教室における縦糸・横糸張り）

　教師としてリーダーシップを発揮しながら，どのように子どもたちと関係づくりをしていくか，ということです。ここで「縦糸を張る」とは，教師と児童生徒の上下関係を基礎とする「しつけ」「返事」「言葉遣い」「学級内ルール」などの関係づくりです。ポイントとしては，次のような項目が挙げら

れます。

| 一時一事 | 全体指導 | 具体作業 | 定着確認 | 具体描写 |
|---|---|---|---|---|
| 時間指定 | 即時対応 | 素行評価 | 一貫指導 | 同一歩調 |

　次に，「横糸を張る」というのは，教師と子どもとのフラットな心の通い合いです。具体的には「遊ぶ」「話し合う」「ほめ，励ます」「伸びやかな雰囲気をつくる」などが考えられます。そのために，係活動，コミュニケーション・トレーニング，イベント，ミニ学級会，クラス会議等を工夫してやらせていくとよいでしょう。

### ❷ 学級の仕組みづくり（3・7・30の法則）

　学級づくりは，最初の1か月がとても重要だと言われています。その1か月で何をすればいいかが，「3・7・30の法則」です。

#### 【3の法則】

　「今度の先生は楽しそうだ」というイメージ，安心感を与える。

#### 【7の法則】

　朝，学校に来てから帰るまでの「学校の毎日」の仕事を決めてしまいます。担任がいなくても，自分たちで進めていける状態にします。

#### 【30の法則】

　1週間で作り上げた学級の仕組みを，さらに繰り返し徹底し，子どもたちの身に付くようにします。「日直のシステム」「当番のシステム」「給食のシステム」「掃除のシステム」「朝の会・帰りの会のシステム」などを作り上げます。

### ❸ 「集団」づくり（「群れ」を「集団」へ）

　「群れ」とは，雑然とした集まりのことです。「集団化する」とは，子どもたちが自分たちで自分たちを動かしていく「自治」（自主管理）が機能する状態です。そのために，目標達成法で，みんなで目標を決め，達成できるようにがんばっていきます。クラス会議なども有効です。

# section 23 子どもの捉え方と係活動を指導する

 **POINT!**

学級経営において，児童生徒理解はとても重要です。また，子どもの個性を発揮するために係活動を活用します。

## ① 児童生徒理解

　児童生徒を理解するための視点として，健康状況や学力，性格的な特徴，興味・関心，悩み，交友関係，生育歴，家庭環境などがあります。それに加え，それらの背景にある思いや感情等についても継続して把握することが大切です。理解を進める場面としては，登下校，授業，休み時間，給食指導，清掃活動，部活動，学校行事，教育相談などがあります。

　児童生徒理解に求められる視点としては，次のようなものがあります。

---

**・個別的に理解する**

　一人一人の児童生徒はみな違う個性的な存在であるということを念頭に置いて理解する。個々の児童生徒の長所や短所を把握することにより，いつ，どのような方法で指導するのが効果的であるかが明らかになる。

**・個別に愛と信頼に基づいて共感的に理解する**

　人は理解してくれる人には安心して心を開く。信頼関係づくりを大切にし，子どもの立場に立ち，共感的に児童生徒のよさを見つける。

**・発達的に理解する**

　現在の児童生徒の姿だけでなく，過去や未来の姿を考え，長期的な展望に立つようにする。

---

**集団の理解**

　集団には，それを構成する個人の理解だけでは捉えきれない集団特有の問題がある場合があります。児童生徒が集団から孤立することを恐れ，不満を内に秘めたまま，表面的に他者に合わせる傾向が強くなっているとの指摘もあります。こうしたことから，集団の理解は児童生徒理解の重要な一部とみなす必要があります。下記は，学習集団を知るための視点です。

> ・**休み時間の集団**　…自由時間における人間関係を知り，学級集団の関係を知る。
> ・**班や係活動の集団**…班や係活動での役割や責任などを観察する。
> ・**変化する集団**　　…個々の集団の動きや変容を把握する。

 **自分らしさを発揮する係活動**

　学級の中で，なかなか自分らしさが発揮できない子どもがいます。そういう子どもたちにとって，自分らしさを発揮できる場をつくることが大切です。

> **当番活動**…生活の中でなくてはならない仕事を役割分担して行うもの。
> **係活動**　…生活でなくても困らないが，クラスをよくしたり楽しくしたりするもの。子どもたち自身で創意工夫できる内容にする。

　当番活動では，学級のみんなで役割分担をしながら順番に経験することで，学級の一員として自分の役割に責任をもつことの大切さを学びます。係活動は，自分の仕事に責任をもち，友達と協力しながら，自分らしさを発揮して，学級生活を楽しく豊かにしようすることの大切さを学びます。自由度を保障し，一人一人の子どもがそれぞれ好きなことを「係」として活動させることで，子どもたちは自分らしさを発揮し学級全体のやる気や意欲が高まります。

# section 24 朝の会，帰りの会の仕方を指導する

POINT!

朝の会・帰りの会は，児童生徒の「自主的，実践的な態度」を育てる貴重な場です。ねらいをもって取り組ませます。

## ① 朝の会の指導

　朝の会・帰りの会は，毎日行われます。時間は短いですが，日々の活動の積み重ねができ，学級づくりにとっては貴重な時間となります。ねらいを明確にもって取り組ませます。

---

(1) 1 日の活動の見通しをもち，「やる気」を出す。

(2) 目指す学級づくりに必要な力を計画的に付ける。

---

　子どもたちの「自主的，実践的な態度」を育てるために，運営はできるだけ子どもたちに任せていきます。しかし，慣れないうちは経験が少ないので，まずは教師がやり方を教えたり，見本を示したりして，進行を学ばせていきます。子どもたちの実態を見て，少しずつ子どもに任せながら支援をしていきます。最後は，進行だけでなく企画なども任せていきます。

　基本的なメニューを示します。健康観察は特に大事なので，教師がきちんと行います。学級のメニューは，子どもたちに付けたい力を考えて工夫します。全体の司会は日直が行いますが，当番活動にして各コーナーの進行を当番に割り当てると多くの子どもが進行を経験できます。

| 1 | 朝の挨拶 |
| 2 | 健康観察 |
| 3 | 学級のメニュー |
| 4 | 先生の話 |

**帰りの会の指導**

　帰りの会の目的は，１日の振り返りをすることと，明日の連絡を確認することです。子どもたちは早く帰りたがっています。時間が遅くならないように工夫をして行います。

　右に示すのが基本的なメニューです。学級のメニューは，朝の会と同様に子どもたちに付けたい力を考えて工夫します。ぜひやりたい活動は，帰りの会よりも早い時間に，隙間時間を見つけてやっておくとよいでしょう。「連絡帳」を書く学級もあると思

| 1 | はじめの挨拶 |
|---|---|
| 2 | 学級のメニュー |
| 3 | 先生からの連絡 |
| 4 | 帰りの挨拶 |

います。連絡帳も，授業を早く終わらせられそうなときなどや，午前中に済ませておいてもいいでしょう。配ってほしいノート類は，早く帰りの準備ができた子どもに配ってもらうシステムをつくっておきます。全体の進行は日直が行いますが，各活動の進行は係や当番で行います。例えば，「めあて」の反省は「小さなめあて係」が，１分間片付けは「きれいな教室係」が行うなどです。全員が気持ちよく下校できるようにしたいものです。

　朝の会・帰りの会では，司会者が意識を高くもってスムーズな進行を行うことが大事です。司会の機会を増やし，よさを認め広げて，全員に司会の力を付けていきます。

 **実習生の指導のポイント**

　学級担任と実習生は，朝の会・帰りの会の前に連絡事項等についての打ち合わせを確実に行い，児童生徒が安心して学校生活を送ることができるようにすることが重要です。また，授業では語れない教師の生き方や考え方を児童生徒に伝える機会でもあるので，実習生に自分の将来の夢，小学校（中学校，高校）時代の思い出，学校生活を通して感じた児童生徒たちのよいところ等も語るような時間を設定するとよいでしょう。

## section 25　掃除・給食の仕方を指導する

POINT!　掃除指導も給食指導も大事な指導です。ここが崩れると学級が崩れてきます。しっかり指導しましょう。

### 1　掃除の指導

　掃除をなかなかやらない子どもがいます。原因はいろいろありますが，「なぜ掃除をするのか分からない」「掃除のやり方が分からない」ということもあるようです。そこで，全員で掃除の意義とやり方を学習しておきます。

#### ❶ 掃除の意義は何か

　『子どもが輝く「魔法の掃除」〜「自問清掃」のヒミツ』（平田治著，三五館）の中に，3つの玉の話があります。心を磨くために，「がまん玉」「みつけ玉」「しんせつ玉」を磨いていこうというものです。「がまん清掃」は，何分間か黙って，友達と離れて一人で取り組む掃除です。「しんせつ清掃」は，友達のよいところを見つけ，お互いに気を配って助け合う掃除です。「みつけ清掃」は，人に見つけられない仕事を見つけて，時間いっぱい行う掃除です。掃除できれいにすることでみんなが気持ちよく過ごせるだけでなく，自分も成長することを意識させます。掃除が雑になってきたとき，この話を思い出させると効果的です。

#### ❷ 掃除のやり方を教える

　山本五十六の有名な言葉に「やってみせ，言って聞かせて，させてみて，ほめてやらねば，人は動かじ」という言葉があります。教えて，実際にさせてみることが大事です。学級担任と実習生は，掃除時間の清掃方法や道具等を確認し，実習生が掃除の指導ができるようにするとともに，すべてを実習

生に任せるのではなく，学級担任も一緒に掃除を行い，必要な指導助言を行うようにします。掃除ができていない子に目を向けがちですが，できている子を見つけて褒めるようにすることで，がんばっている子どもの姿が見えてきます。

 **2　給食の指導**

**❶ 給食指導の意義は何か**

　望ましい食事のとり方は，毎日の給食の時間において，繰り返し継続して指導することにより，習慣化が図られます。給食の時間における指導は，教育課程上の学級活動として指導計画に基づいて行われます。運営にあたっては，ゆとりをもって食事や指導ができるよう時間の確保に努める必要があります。

**❷ 指導のポイント**

・給食当番の子どもが「協力」して仕事をすることが大切です。仕事の役割分担などが「公平」に行われているかをチェックします。

・「平等」に食事がいきわたるように，おかずの「盛りつけ」や「個数」を最初に確認してから配膳を始めさせましょう。

・嫌いなメニューが出て，どうしたらいいか分からない子どももいます。学級の「約束」を事前に確認してから指導しましょう。無理強いはせず，食べることを応援する一言をかけましょう。

・実習生もエプロン，頭巾，マスクをして給食当番を手伝いましょう。

・毎日，違う子どものテーブルをまわり，食事を一緒にして会話を楽しみましょう。

・おかわり，食べ残しのルールを事前に確認し，きちんと守るように指導しましょう。

・食事のマナーを守り，礼儀正しく食事をしましょう。

・アレルギーで食材を食べることができない子どももいます。給食指導においても事前の児童生徒理解が基本となります。

## section 26　学級・学習のミニゲームの活用を指導する

POINT!

> 学習意欲を高めたり友達との関わりをつくったり，ゲームを活用することは有効です。ぜひ実習生にも教えましょう。

### ① ゲーム化の有効性

　児童生徒への指導を行う際に，楽しさはとても大事な要素です。内容を指導しても，子どもにはなかなか身に付きません。楽しい活動を行いながら，その中で子どもたち自身が気づき，発見していくことで力が付いていきます。つまり，子どもたちが喜んで活動するための「ゲーム化」が有効なのです。

　学級づくりでも，特にはじめの頃は，友達と仲良くなるようなゲームをたくさん入れていきます。言葉で言うより，そうしたゲームの中から交流が生まれ，ルールを守ることの大切さが身に付いていきます。温かい空気をつくります。子ども同士をつなげます。目立たない子に光を当てます。

　学習ゲームでも，体験することで内容がより子どもの中に残ります。時間に余裕がないのでまとまった時間はなかなかとれないと思いますが，短い時間でできるゲームをたくさん知っていて，それを使えると，授業の活性化が図られるでしょう。実習生のみなさんにも，ぜひ休み時間に，授業のちょっとした隙間時間にミニゲームを使ってもらって，子どもたちとの信頼関係を築いてほしいところです。

### ② 学級づくりのミニゲーム

#### ❶ じゃんけんゲーム

　一番ポピュラーなのはじゃんけんゲームです。たくさんあります。

> 顔じゃんけん／足じゃんけん／あっち向いてホイッ／おちゃらかホイッ／じゃんけんポイポイ／たし算じゃんけん／後だしじゃんけん／じゃんけん列車／おんぶじゃんけん／じゃんけん大会／挨拶じゃんけん／全力じゃんけん

### ❷ ホワイトボードゲーム

クラスに班の数くらいのホワイトボードとホワイトボード用のペンを準備しておきます。ホワイトボードがなければ，クリアファイルに紙を入れたもので大丈夫です。これがあるといろいろな班での話し合いにも役立ちます。ちょっとした隙間時間に，「班で協力して話し合って県の名前を書きましょう」「野菜の名前を書きましょう」などと競わせます。NG ワードなどを入れても盛り上がります。班で協力することの楽しさ，大切さが身に付きます。

## ③　授業づくりのミニゲーム

### ❶ ビンゴゲーム

例えば，新出漢字の学習をした場合，新しい漢字を9個以上選び提示し，その中から9個選んでビンゴカードの中に書きます。書く時点で，漢字の練習をしていることになります。そして，ビンゴゲームを行います。学習したことの重要単語を使ったり，地図記号にしたり，県の名前にしたり，授業の内容によって，いろいろとアレンジできます。

| 想 | 園 | 点 |
|---|---|---|
| 料 | 完 | 鳥 |
| 少 | 高 | 近 |

用　高　県　線
鳥　園　方　完
点　想　料　少
近　教

### ❷ 10をつくろうゲーム

算数の課題が早く終わった子どもにさせるといいゲームです。4つの数字を提示し，その数字を足したり，引いたり，かけたり，割ったりして「10」をつくります。並び順を変えないで計算する場合と並び順は気にしないで計算する場合があります。「1212」のようにどうしてもできない場合もあるので，やってみてできるものを出題しましょう。

## section 27　事務仕事について指導する

POINT!　学級事務も教師の大切な仕事です。実習生にも大まかに教えておくとよいでしょう。

### 1　学級事務

　学級事務は，学級担任が学級を経営するにあたって処理する事務で，学級経営上欠くことのできないものであり，児童生徒の教育活動を進めていく上で，付随する一切の事務です。実習生は実際には関わりませんが，Chapter 2の7（p.34）で示したようなミニ講座などで，事務の仕事の内容については話しておくとよいでしょう。

**❶ 諸表簿の整理記入事務**

　・指導要録　・出席簿　・健康診断票及び歯の検査票　・通知表

　・評価簿（補助簿）　・体力測定の記録簿

　・指導要録抄本（小学校6年担任及び中学校3年担任）　　等

**❷ 教育指導に伴う事務**

　・学級経営案　・週案（週指導計画）　・学習構想案

　・学習指導用のプリント　・テストの採点　・ノート等の点検

　・成績処理簿の記入　・健康観察記録　・行動観察記録

　・教室環境の整備　・学級通信　・学級日誌　・学級緊急連絡簿

　・学級の児童生徒名簿　　　等

**❸ 統計・調査・報告事務**

　・出欠席月末統計　・健康診断統計　・授業時数集計

　・要保護児童生徒，準要保護児童生徒調査　　　等

### ❹ その他の事務

・集金に関すること　　・備品管理に関すること

・PTA等に関すること　　　等

※これらの他に，「校務分掌」の事務も併せて処理しなければならないことも付け加えておきましょう。

 ## ② 学級事務にあたっての留意点

### ❶ 報告・連絡・相談を密にする

特に，児童生徒や保護者への連絡等は確実に行うようにします。また，出張等で学校を離れる際は，学習計画や諸連絡等を確実に伝え，関係職員と十分に打ち合わせておきます。事件・事故・災害等が発生した場合は，連絡・協力体制の手順に従って報告・連絡を行い，校長や教頭，関係職員と相談しながら適切に処置することが大切です。

### ❷ 適切な方法で処理する

公簿や公文書，会計簿には，それぞれ記入の方法が定められています。これらの文書を処理する場合は，記入上の注意事項をよく読んで適切に処理することが大切です。

### ❸ 金銭の取扱いには十分気をつける

現金の保管，保護者への通知や会計報告等を確実に行う，児童生徒に朝に提出するよう呼びかけるなど，十分に取扱いに気をつけます。

### ❹ 記録する習慣を身に付ける

日頃から，記録簿や手帳などに指導の経過や結果等を記録する習慣を身に付けるようにします。

### ❺ 文書を適切に管理・保管する

特に，個人情報に関する内容については，その取扱いに十分留意するようにします。

※学級事務の能率化・効率化を図るために，その事務の内容・時期をよく考慮して，手順・方法を自分なりに作り上げるようにしましょう。

## section 28　保護者対応について指導する

POINT!

> 実習生も保護者対応に興味があります。保護者を怖がらず，一緒に育てるパートナーとして寄り添っていきます。

### ① 保護者対応の方法

　教師にとって，保護者対応は最も大切な仕事の1つですが，最も気を遣い，苦手意識をもつ人も多い仕事です。些細なことで苦情を申し立てたり，無理な要求を突き付けたりする保護者が一部いらっしゃるのは事実ですが，ほとんどは話せば分かり合える常識的な保護者です。保護者が教師に苦情や要求を言ってくるのには，それなりの理由があります。かなり勇気をもって言われる方も多いです。まずは，苦情や要求にしっかり向き合って，自分の悪かったことは素直に認めて謙虚に反省し，誤解のあったところは堂々と言い分を述べ，ときに相手が反省するように導きます。困ったときに助けてくれるのも保護者です。教師の方から保護者に寄り添っていくこと，保護者を理解する努力をすることが必要です。

　保護者対応には大きく「初期対応」と「二次対応」の2つがあります。

　初期対応で大切なのは，保護者の訴えたいことを的確に把握することです。そのために，事実関係の把握を丁寧に行う必要があります。傾聴のポイントは次の3つです。

---

(1)「相手の言葉」をさえぎらないで聴くことに徹する。
(2)「相槌」や「繰り返し」を大切にする。
(3)「事実」と「推測」の整理を行う。聞き取った内容を区別しながらメ

---

モを取る。

　二次対応とは，組織的な対応です。初期対応で事実確認をしたら，管理職の先生に必ず報告や相談をしましょう。内容によっては学校全体で対応をしていく必要があります。二次対応として次のことを行います。

---

(1)組織構成と役割分担　　　(2)教職員の一致した対応
(3)徹底した事実確認・情報収集

---

　管理職の先生や養護教諭は，様々な経験を積んでいると思われます。大切なことは，自分だけで解決をしようとするのではなく，学校全体が保護者対応のリソース（資源）であることを意識することです。

## ② 日常の保護者の方々との関係づくり

　何か起こった時の対応だけでなく，日頃から「予防」をすることが大事になります。そのために保護者の方との信頼関係づくりを行っていきます。

### ❶ 子どもたちの居心地のよい教室を学級経営で作り上げる

　保護者から信頼を得るには，日頃の生活指導や授業実践をしっかり行い，子どもたちの居心地を大切にした学級経営を実践することが基本です。子どもたちは，学校であった出来事や担任の先生の話を保護者に伝えています。

### ❷ 保護者会で子どもたちの様子をスライドショーで伝える

　日頃の子どもたちの様子を視覚的に伝えるとともに，教師が子どもたちのことを大切に思っていることを積極的に伝えられることにメリットがあります。ただ，全員を映すことと，個人情報の保護に注意が必要です。

### ❸ 偶発的な出来事には真摯に向き合う

　偶発的な出来事で保護者が困っているときは，すべて深刻な問題であると受け止めて対応しましょう。教師も保護者も子どもの成長を願っていることは共通しています。子どものために真摯に向き合う姿勢が大事です。

section
**29**

# 全日経営で余裕のある
# 時間割を工夫する

POINT!

　　全日経営では，実習生の希望と実態に合わせて時間割を一緒に考えます。授業の支援も行っていきます。

## 1 希望を生かした余裕のある計画づくり

　教育実習の研究授業も終わり，ほっとするのも束の間で全日経営があると思います。全日担任として責任をもって授業や学級経営を行うので，不安は大きいです。計画をしていても，子どもは計画通りに発言したり動いたりしません。多様な発言や行動をするのが当たり前という意識をもって準備をさせておきます。

　少し早めに，全日経営の時間割は実習生と一緒に考えておきます。基本的には平常の時間割の通りに行いますが，場合によっては時間割を変更しなければならないこともあるからです。右のような表に，1日の計画を実習生と一緒に立てられるとよいでしょう。

| 連絡事項 | | ＜朝の会＞ | | | ＜帰りの会＞ | |
|---|---|---|---|---|---|---|
| 教科指導内容 | 時 | 教科 | 単元 | 指導目標 | 学習内容 | 準備 |
| | 1時 | | | | | |
| | 2時 | | | | | |
| | 3時 | | | | | |
| | 4時 | | | | | |
| | 5時 | | | | | |
| | 6時 | | | | | |
| 児童指導 | | | | | | |
| 安全面の指導 | | | | | | |
| その他 | | | | | | |
| 1日の反省 | | | | | | |

　まず，実習生の授業への希望を聞きます。できるだけたくさん授業をしたいと思っている実習生もいるでしょうし，準備がなかなか大変だから少なくてもかまわないという実習生もいることでしょう。小学校の場合は，教科も相談します。たくさん授業をしたい実習生には，どの教科をしたいか聞いて，本来の時間割にない授業をしたいならば，事前に時間割を調整します。学習の場所が教室でない場合は，他のクラスとの調整も必要になるでしょう。

　あまり授業をしなくてもいい実習生には，適度に専科の時間を入れるなどして，空き時間をつくり，授業の準備をする時間を確保してあげるようにします。専科の時間の変更も，専科の先生への依頼や他のクラスの時間割の調整が必要になります。本人の希望が大きいですが，最終的には実習生の実態を考慮して，指導教員が時間割のアドバイスをして決定します。余裕をもった計画になるように考えていきます。

　指導教員は，授業では全体の子どもの様子を見ながら見守ります。できるだけ授業の助けには入らないようにします。子どもに個別に接することで，授業がスムーズに進むように指導をします。空き時間には，実習生に声を掛け，その後の授業の相談になるようにします。実習生が安心して授業をすることができるように支援を行いましょう。

## ② 授業の準備も早めに行おう

　全日経営では，授業を行う時数も多くなりますので，授業の準備もそれに合わせて多くなります。早めに授業の内容について一緒に考え，準備物も早く準備できるように手伝いましょう。よくありがちなのが，内容を詰め込みすぎて授業が終わらないこと，そして子どもの活動を待ちすぎて授業が終わらなくなることです。内容も余裕をもって，実習生が授業できる内容になるようにアドバイスを行います。

　全日経営も，研究授業と同じくらい実習生には負担で，不安がたくさんあります。ぜひ達成感をもって，教師を目指すという思いが強くもてる状態で実習が終了できるようにしたいと思います。

section
30

# 教育実習の評価について指導する

POINT!

教育実習の目標をもとに，成長した点をたくさん見つけて認めていきます。次に生かせるように振り返りは大事です。

## 1　自分の成長を実感できる評価を行おう

　実習のはじめに，実習生には教育実習で学びたいことや不安なこと，そして目標を書いてもらっています（p.26，42）。それと実習日誌等を見ながら，右のプリントに書き込みながら実習の振り返りを行っていきます。特に，がんばったことをたくさん出してもらい，それを価値づけていくようにします。

　協力校に次のページのような教育実習成績評価票が送られてきています。これをもとに指導教員が評価をしていきますが，これを事前に実習生に示している場合は，これも使いながら評価を行っていくと，より具体的な評価ができるでしょう。大学に戻ったら，実習をもとにさらに学習が進められて

○目標について成果と課題を書いてください。

| 成果 | |
|------|------|
| 課題 | |

○目標以外で，特にがんばったことを書いてください。

| |
|------|

○教育実習を通して，自分の課題と思えることは何ですか。その理由も書いてください。

| 課題 | |
|------|------|
| 理由 | |

○自分の課題について，今後どのように解決していきたいですか。

| |
|------|

| 3 | 教材研究および準備 | 事前の教材研究や教材解釈に取り組み，学習活動に必要な教材・教具・資料づくり，板書計画などができた。 |
| 4 | 学習指導案の作成 | 単元の目標を捉え，目標達成に向けての学習活動を構想した。発問構想，児童生徒の応答予想や評価の観点などを踏まえた指導案を作成した。 |
| 6 | 児童生徒理解 | 児童生徒に挨拶をし，休み時間や委員会や学校行事などにおいて積極的に関わった。授業中の机間指導で児童生徒に適切な言葉かけを行った。 |

いきます。また，教員採用試験においても，教育実習で学んだことが面接や論文，模擬授業で生かされる場合もあります。学んだことの成果と課題を明確にし，まとめて，次の課題解決につなげさせていくことが大事です。

## 2　学びの反省と評価の観点

教育実習での学びの反省と評価の観点を挙げます。

- 教師に必要な仕事に対する使命感と豊かな人間性，常識
- 先生方や職員とのコミュニケーション，全校および学級の子どもたちとの関わり
- 学級担任の職務内容，校務分掌，教育公務員として法令を遵守する態度
- 学習指導要領の理解と教材研究，教材解釈，授業づくり
- 単元の指導計画の作成と指導方法，指導技術
- 授業中の子どもの学習状況の把握と研究授業後の授業改善
- 学級に在籍する，特別な配慮を必要とする子どもへの関わり
- 学級経営の意義と学級づくり，教室の環境構成，清掃指導，給食指導
- 児童生徒理解と教育相談，保護者や地域の人たちとの関わり

## section 31 子どもたちがつくるお別れ会の計画を指導する

POINT!

お別れ会は実習生の心に残ります。せっかくの機会なので子どもが自分たちで決め実行するよい機会としましょう。

### ① お別れ会について話し合おう

　教育実習の終わりが近づいたら，実習生のお別れ会を子どもたちに考えてもらいましょう。実習が始まったときに歓迎会をやっていれば，子どもたちからお別れ会の話題が出ることでしょう。出ない場合は，出るように仕組んだり教師から出したりしてもいいでしょう。内容については，学級会で話し合います。話し合いでは，提案理由が大事になります。「実習生の先生に感謝し，楽しい思い出がつくれるように」ということを常に頭に置いて話し合うようにします。

　時間と場所は教師が決めます。また，プレゼントを渡す場合も，金銭が関係するとよくないので，手紙や折り紙に限定する，みんなで寄せ書きにするなど，教師の方から条件を付けます。

　その他，ゲームや他の内容は，できる限りは子どもたちの話し合いの結果を大切にするようにします。できれば，実習生が参加しやすい思い出に残るゲーム等を考えるとよいでしょう。話し合う時間は，実習生が他のクラスの授業を見に行ったり，講話でクラスにいなかったりす

| ○○先生のお別れ会　（例） |
| --- |
| 1　はじめの言葉 |
| 2　ゲーム 「私はだれでしょうゲーム」 |
| 3　みんなから一言 |
| 4　プレゼント渡し |
| 5　○○先生から一言 |
| 6　歌 「すてきな友達」 |
| 7　終わりの言葉 |

る時間を使います。準備が必要なことも出てくるかもしれませんので，お別

れ会までの時間に少し余裕をもたせて，計画を立てるとよいでしょう。

　内容の話し合いの他に，役割分担の話し合いも必要かもしれません。プログラムを書いたり飾りを作ったり，プレゼントを準備したり，当日の進行をしたり，分担を話し合いましょう。せっかくの機会ですから，学級会で話し合う力，決めたことを協力して実践する力を子どもたちに付けることができるように実践していくようにしましょう。

## ② 協力して準備や実践を行おう

　話し合いが終わって，準備についての役割が分かったら，協力して準備を進めさせましょう。できれば実習生にはサプライズの方がいいので，できるだけばれないように気をつけて準備をさせます。こそこそと準備をする過程も楽しいものです。指導教員は準備の状態を見て，時間や物の支援を行います。お別れ会では，できるだけ進行も子どもに任せ，教師は雰囲気づくりを行ったり，進行の補助をしたりします。

## ③ 教育実習のお礼の手紙

　実習が終わってから，実習生がお礼の手紙をくれる場合があります。お礼の手紙を書くことについては，大学で指導がある場合もありますし，ない場合もあります。指導がなかった場合は，お礼の手紙を書くことを知らないために手紙を出さないという学生も結構いるようです。来ても来なくても，あまり気にしないようにするといいでしょう。

　また，実習では多くの先生方にお世話になっていますので，来た手紙は実習担当教員が教職員間で回覧して全教職員に見てもらうことで，最終日に個別にお礼が言えなかった方々への挨拶になります。再度実習生が学校を訪れた際にも話題にすることができます。

## section 32 実習のまとめを行う

POINT!

> 教育実習も終わりになります。最後にやり残したことがないように，まとめをしっかりとさせましょう。

### ① 実習日誌のまとめ

いよいよ教育実習も終わりになります。実習のまとめをしていきましょう。「実習のまとめ」を書かなければならない場合もあるようです。そのような場合の書き方を指導します。

子どもの作文の指導と同じですが，「はじめ」「中」「終わり」で書くように指導します。「中」は自分の実習のねらいに基づいて，例えば「子どもとの交流」や「授業の実践」「理想の教師像」などキーワードを決め，それについてのエピソード等を交えながら，自分の考えを書かせていきます。毎日の自分の書いた日誌と指導教員からの助言を見直して，実習を思い出すように伝えましょう。また，実習のまとめを書く場合にも使えますし，教員採用試験の面接でも教育実習についての質問をされますので，日誌に書く以外でも記録を丁寧に書いておくように指導するといいでしょう。

【具体的な記入例】

| はじめ | …はじめは期待よりも不安が大きかったです。でも，実習が始まると，… |
|---|---|
| 中① | 「子どもとの交流」を楽しむのが，私がはじめに目指していたことでした。子どもたちにもいろいろな子どもたちがいました。できるだけみんなに… |
| 中② | 授業力を付けることも努力をしてきました。初めて国語の授業をしたときには，子どもたちのことが全然見えていなくて，授業を進めるのが精一杯でした。授業後に担当の先生から，「○○さんが全然ノートに書けていなかったのは… |
| 終わり | …私は，実習で学んだ指導を生かし，一人一人の子どもを大切… |

　「はじめ」には，実習を終えた率直な感想を書きます。実習のはじめに思っていたことと終わって思っていることの違いを書くように伝えます。

　「中①」と「中②」には，自分が努力したことを具体的な事例を挙げながら書きます。反省点を挙げるだけではなく，どのように改善して，どのようによくなっていったかなども書かせましょう。

　「終わり」には，実習で学んだことと，実習校の教職員，児童生徒への感謝・お礼を忘れずに書かせましょう。

 ## 2　提出物の確認と片付け，お礼の挨拶

　実習終了時，終了後に取り組むことについて指導します。

> ・実習に際して使用した部屋等の後片付け（掃除）はしたか。
> ・借り受けた物品はきちんと返却したか。
> ・特に児童生徒の個人情報に関わるもの（名簿など）の取扱いは学校（先生）に指示を仰ぎ，適切に処理したか。
> ・給食費などの必要な費用の支払いは終わっているか。
> ・担当の先生や校長先生，教頭先生，その他お世話になった先生方への個別の挨拶はできているか。
> ・実習日誌は，担当の指導教員，校長などがコメントを記し捺印しているか。それを次回に取りに行く日時を確認できているか。

　大学からの指導はあると思いますが，心配な場合は実習校へのお礼状をできるだけ早めに出すようにも付け加えます。実習生は，教員採用試験や就職試験などもあります。様々なことで相談があったら連絡してほしいこと，教員採用試験を受けるならばその結果を報告してほしいこと，様々な学校の行事があったら顔を見せてほしいことなどを伝えましょう。実習が終わっても，学校とのつながりを大事にしていきたいところです。

こんな時どうする？
教育実習困った場面のQ&A

## Q1 実習生が実習期間中に就職活動を行いたいと申し出てきたら？

実習に集中するのが望ましいが，一定の配慮をしよう

　残念なことですが，教員採用試験の倍率が下がっている現状があります。近年の民間企業の就職活動は前倒しの一途をたどっており，大学4年生の6月頃から内定をもらえる学生もいます。その一方，教員採用試験の合格発表は10月頃です。教員採用試験の時期を見直そうという動きもあります。

　実習期間中が就職活動の時期と重なる場合も出てきます。複数の公務員や企業等の採用試験を受験している実習生がほとんどだからです。

　教育実習の期間中は，実習に集中することが望ましいのはもちろんです。大学の指導でも「教育実習は教職に就くことを前提として承諾を得ているから基本的には認められない」とされていますが，「どうしても実習期間中に就職試験が予定されている場合は，実習校との事前の打ち合わせの前までに必ず大学の教務課に申し出ること」とされています。実習前には，大学と校長会が話し合いを行い，校長会名で申し合わせ事項が作成されます。その中にも企業の試験，面接，研修等がある場合は，事前に校長に届けること等が記載され，共通理解がなされています。

　これらから，本人にとってどうしても必要とされる試験などがある場合は，実習生の将来も考えると一定の配慮が必要です。欠席を認める必要があります。なお，欠席した日の補習日が必要であるか否かについては，実習校と大学等で連絡・調整を行い判断します。なお，申し合わせ事項に「原則として，実習期間中は塾等のアルバイトはしないこと。やむを得ない場合は校長に届けること」という文言がある場合もあります。実習生の生活に関わる場合もあるので，その際は経済状態等の事情も尋ねておく必要があります。

## Q2　実習生が感染症に罹患し，実習ができなくなったら？

### 大学と連絡をとり，実習期間の延長などを配慮しよう

　大学で，新型コロナウイルス感染症対応の健康管理ガイドライン等が出されているので，それを参照しましょう。実習前，実習期間中，実習後などの留意点について，実習担当教員は事前に知っておき，実習生にも読ませておきます。

　まず欠勤する場合は，実習校の担当教員に連絡をさせます。事前の打ち合わせの際に話しておくとよいでしょう。もし実習中に体調不良になったら，早退になります。実習担当教員か教頭に連絡させて早退させます。やむを得ず欠勤，遅刻，早退する場合は，「欠勤・遅刻・早退届」を大学の教育実習担当教官，もしくはゼミ等の指導教員に提出する必要がありますので，そのことも伝えます。教育実習は大学の規定に基づいて実施するものですから，学校から大学の教育実習担当教官に連絡し，何日・何時間以上で単位を出すか，出さないかを確認する必要があります。その上で，最低限の要件を満たすことができるように，個別に実習期間を延長するなどの配慮が必要になります。なお，令和2年に出された「教育職員免許法施行規則等の一部を改正する省令の施行について（通知）」で，新型コロナウイルス感染症の影響により，大学において教育実習の科目を実施できないことにより，在学生が教育実習の科目の単位を修得できないときは，課程認定を受けた教育実習以外の科目の単位をもってあてる措置が引き続き取られています（令和5年度時点）。ただし，この特例は，真にやむを得ない場合にのみ活用することとされています。普段から健康観察記録簿がある場合は記録などで健康状態を把握し，状況によってマスクの着用の有無等も考慮していきましょう。

## Q3 児童生徒と関わるのが苦手な実習生へのサポートは？

> まずは笑顔と子どもの名前を覚えることから少しずつ行おう

　ある調査によると，人付き合いが苦手と思っている人は全体の約6割いるそうです。それだけ多くの人が人付き合いで悩んでいて，苦手なのはよくあることで悪いことではないということを伝えます。かえってそういう人は，相手の気持ちを読みすぎて行動できない面もあり，人の気持ちによく気づき，思いやりのある行動ができる人ともいえるのです。いきなり積極的に話しかけるのは無理があるので，まずは笑顔を心がけること，最低限の会話は仕事だと割り切ってやってみることを心がけることをアドバイスします。

　また，子どもとつながるように，クラスの子どもの名前をすべて覚えてもらいましょう。事前の打ち合わせの際に，そのような相談を受けたときは，前もって名簿等を渡しておきます（渡してよいかは管理職と相談）。できれば，下の名前まで言えるようにします。名前を覚えてもらうと，子どもはとても喜びます。

　また，学級には様々な個性や性格の子どもたちがいて，自分の気持ちを素直に表現できる子どももいれば，なかなか自分の気持ちを表現できない子どももいます。ですから，なかなか自分になつかない子どももいるのは普通のことであると考えます。人それぞれに個性がありますから，無理に急に自分を変えようとしないで，楽しく考えて過ごすようにすることが一番大事です。どうしても難しいときは，自分の担当クラスや教科以外の授業の参観やTTとしての参加，毎日違う掃除区域に行っての掃除指導，給食の時間や登下校の時間等，児童生徒が活動する様々な場面に立ち会わせ，児童生徒とふれあう時間をより多く設定するなどの工夫をするのはどうでしょうか。

## Q4　実習生の授業で，子どもが落ち着かなくなったら？

### 実習生への指導と児童生徒への指導を行い，細かくフォローしよう

　事前に子どもたちにも実習生が教師になるためにがんばっていること，みんなにもよい実習になるように協力してほしいことを伝えておきます。そして，実習中も実習生が授業づくり等でがんばっている様子を伝えていきます。

　実習生には，子どもと慣れ合いになってしまわないように，距離感を保つことを指導しておきます。例えば，呼び方もニックネームのような呼び方はせず，きちんと〇〇先生と呼ばせること，ため口を使わずに敬語を使わせること等を指導し，節度をもって関わることの大切さを指導します。

　授業は技術だけでなく，子どもの実態をもとにつくっていかなければなりません。子どもの実態をよく分かっていない実習生が，教員と同じレベルで授業ができないのは当然のことです。児童生徒理解の大切さを実習生に教えつつ，足りない部分を教師がカバーしていくようにします。

　授業の前には，言葉遣い，声の出し方，机間指導の仕方，子どもへの対応の仕方，板書の書き方等，気になるところを指導しておきます。授業の中では介入は控えますが，すべてを実習生に任せるのではなく，指導教員が一緒に関わり，フォローをこまめにしていきます。気になることがあれば，授業後にその都度助言し，修正を図りましょう。

　なかなか子どもの落ち着きのなさが改善できない場合は，時間をとって，子どもたちと授業の在り方について話し合う必要があるかもしれません。その際に，実習生だけに問題があるのではなく，これまでの自分の学級経営の課題も反省します。また，一人で指導するのではなく，学校全体で支援していくことも，落ち着きを取り戻すことにつながります。

# Q5 実習生の頭髪・服装や言動などがふさわしくない場合の対応は？

## できるだけ自分で納得して改善していくように根気強く話し合おう

　まず，教師としてだけでなく，社会人としても一般常識や基本的なマナーを身に付けるのは最低限必要なことであると心得るべきです。マナーを知らずに相手に失礼な態度をとり不快感を与えてしまうと，周囲からの信用を失うだけでなく，仕事や交渉が順調に進まなくなるなど，様々な問題が生じます。そこで，社会人として服装や髪型も場に応じた対応ができなければならないことを伝えます。

　さらに，実習生は子どもたちから見れば教師の立場に立つことになります。その責任を十分に自覚し行動すべきです。そこで，子どもたちの前に立つ意味について話します。教師の振る舞いを見て子どもたちは育っていきます。実習生の言葉遣いや服装が，子どもたちにどのような影響を与え，その結果どのように育っていくのかを話し合っていきます。上の立場から注意をするのではなく，話すことで本人が決定をしていくようにしたいです。「どんな教育実習をしたいのか」「そのためにはどんなことをするとよいと考えているか」「できていると思うことは何か」「できていないと思うことは何か」「目標を達成するためにどんなことをやっていきたいか」などを落ち着いて話しながら，服装や髪型等についての改善を促していきます。子どもたちへの影響の具体例も示していきます。特に頭髪や服装については，大学も実習前に検査をして，ふさわしくないものは指導をしています。話をして，それでも改善がみられない場合は，「このままでは実習を行うことはできない」旨を口頭で伝え，大学にも連絡し，協力して対応するようにしますが，できるだけ実習生も納得して変えられるように努力をしていきましょう。

## Q6　指導を素直に受け入れない実習生への指導は？

> 実習生との価値観の違いを踏まえて，話を聴きながら答えを引き出そう

　実習生と指導教員には，考え方にギャップがある可能性があります。実習生の世代と指導教員の世代の「当たり前」や「常識」に，著しい違いが生まれてきています。実習生の世代は，SNSなどのバーチャルなコミュケーションが圧倒的に増えた分，人と向かって会話をする機会が減ったことで，「反応が薄い」と言われます。また，同年代とはすぐに打ち解けますが，年齢や立場の違う人とのコミュニケーションは苦手という傾向もあります。さらに，挫折経験が少なく褒められて育っているため，「勘違いした自信」をもっている人も多くいます。実習生の言動とその背景を理解し，価値観や常識も踏まえて，指導していく必要があります。

　実習生に対して，一般常識や知識について教えることが必要かもしれません。社会人として，組織の一員としてふさわしくない言動には，強く指導したり考えを押し付けたりせず，「あなたが将来こうなりたいと思うなら，こういうことを勉強して，こういうことに取り組めばいいですよ」などと，その実習生のために「未来に向けたアドバイス」をします。

　そして，すべてを人のせいにしないようにし，自己責任だと考えて取り組むことで人は大きく成長するということも伝える必要があります。他者視点をもたせることです。「子どもから見たら，これはどう思うかな」などと，時間がかかっても投げかけ続ける必要があります。一方的に答えを与えるのではなく，実習生から答えを引き出す機会をもち，そして実践につなげていくことが大切です。コーチングや傾聴のスキルを活用して実習生の話を聴きながら，指導方法を考えていきましょう。

## Q7 実習中に児童生徒にけがをさせた，またはけがをした場合は？

### 起こらないために事前の指導を，起きてしまったら大学と連携しよう

　児童生徒にけがをさせる場合はいくつかあるでしょう。まず，授業等で児童生徒がけがをした場合は，他の教師も授業についているはずですので，すぐに教師に報告させ指示に従って補助させます。けがの原因が実習生にあるなどの状況によっては，大学と連携して対応を協議する必要が出てくるかもしれません。その際は，速やかに実習生本人と実習校から大学の教育実習担当教官に報告します。実習中は学校の指導下にあることから，児童生徒の保護者への説明や謝罪などについては，実習校が責任をもって行う必要があります。大学等によっては，教育実習にあたり，保険に加入している例もあります。

　他に体罰・ハラスメントについては，事前に大学で「教育実習生としての心構え」を指導してあるはずですので，事前の打ち合わせの際に改めて話を確認しておきます。もしそのような言動に気づいた場合は，すぐに指摘してやめさせます。これも状況によっては，大学と連携して対応します。

　また，実習生がけがをする場合もあります。実習校への通勤での事故やけがも考えられます。通勤の手段でやむを得ず自転車，バイク，自動車を利用する場合は，事前に実習校の許可と大学の許可を得ることを実習生に伝えます。また，実習校近くで危険な箇所があったら，これも事前に伝えておきます。もし，事故やけがが発生した場合は，警察に連絡した後，大学もしくは実習校に必ず連絡を入れるように指導しておきます。

　まずは，児童生徒にけがをさせたり，実習生がけがをしたりしないような，事前の指導や日常の指導教員等の学校側の気配りが大切になります。学校の危機管理マニュアルなども，この機会に見直しておくとよいでしょう。

## Q8　授業等で過度に緊張する実習生への指導は？

### 指導教員と一緒に授業を考え，しっかりと準備をしよう

　事前の打ち合わせなどで，そのような悩みが伝えられたり様子が見られたりした場合は，必要に応じて大学の教育実習担当教官と連絡を密にとり，実習生本人の特性等について十分に把握したり，情報を提供しておきます。

　慣れない環境の中では，緊張するのが当たり前です。自分の初任の頃の経験等も話しながら，授業に対する壁を低くしていきましょう。個別指導の機会を多くとり，不安をできるだけ取り除くようにアドバイスをします。

　指導案も，実習生と話し合いながら一緒につくっていきます。難しいところは指導教員が案を出し，実習生が選択していくようにするとよいでしょう。緊張を少なくするには，しっかりと準備をしておくことです。授業で考えられる事象を想定し，「～のような場合は～する」といった対応を細かく指導します。授業の中ではさりげなくフォローをして，後で指導をします。「自分が責任をもつから思い切りやってごらん」と背中を押すのもよいでしょう。本人が様々な事象に対応できるようにし一つ一つやり遂げていくという経験を積み重ねることで，少しずつ自信を付けることができるように配慮していきます。

　不慣れな経験の中，うまくいかず悩みを抱えている実習生にとって，相談しやすい指導教員が近くにいることは大変心強いと思います。普段から雑談等を意識的に行い，困っていそうなときは指導教員から声を掛けて，信頼関係をつくっていきましょう。また実習生の専門や特技を授業の中で発揮できる場をつくるなどで，実習生のよい面を価値づけることもやっていきましょう。児童生徒との関係が深まれば，授業も落ち着いてできるようになります。

## Q9 実習生の体調管理にはどのような配慮が必要で，どう対処する？

### 規則正しい生活が送れるように仕事の環境を整えよう

　実習期間中，実習生は私たちの想像以上に緊張しているものと考えられ，また，実習生自身も自己の体調について自分で申し出にくいものです。実習生にとって充実した教育実習となるためにも，学校としても，指導教員を中心にきめ細やかな配慮も必要です。事前の打ち合わせに際し，持病や身体の故障について聞き取るとともに，体調に異変を感じたときは遠慮なく申し出るように，学校の姿勢をあらかじめ実習生に伝えておきます。

　大学によっては，実習に入る前に健康に関するアンケートを実施し，実習校にも伝えた方がよいと思われる事項については，事前に知らせている大学もあります。

　体調管理のために実習生に気をつけさせることは，大きく2つあります。

　1つ目は，「規則正しい生活を送らせる」ということです。規則正しい生活サイクルの基本は早寝早起きです。夜遅くまでスマートフォンを使用するなどして脳に刺激を与えると，早く寝ることができません。明日の準備もあるかもしれませんが，まずはしっかりと睡眠時間を確保できるようにします。そのために，するべきことを多く与えすぎないこと，まとめてしなくていいように計画的に仕事ができるように助言することなどを考えていきます。

　2つ目は，「病気の予防の徹底を行う」ことです。風邪やインフルエンザなどの感染症は，体調に気をつけていても他人からうつされる可能性があります。マスクを着用させたり，手洗いをこまめにさせたり，病気にかかっている人には安易に近づかないように注意させたりします。

　また，精神の健康のために，適度な息抜きをさせるようにしましょう。

**Q10**　実習後，児童生徒との個人的なつながりが分かったら？

> ## すぐに大学に連絡し，学校では児童生徒への対応を行おう

　守秘義務とともに，実習校の児童生徒，及び保護者，教職員との個人的な携帯電話やメール（SNSを含む）のやりとり，学校外での接触は実習後も含め絶対に行わないことが，大学での事前指導でも指導されています。もしそういうことがあれば，教育実習の成績が取り消しになるかもしれないことが学生にも伝えられているはずです。教職員への信用失墜行為への世間の目も厳しくなっていることを，しっかりと自覚させなければなりません。

　事前の打ち合わせにおいても，改めて実習生に児童生徒との個人的な関わり方について，明確に伝えておく必要があります。実習生は学生ですが，子どもから見たら先生なので，教員としての服務（守秘義務，職務専念義務，研究と修養の義務等）に従うことが求められています。もし児童生徒から「LINEに入ってよ」と頼まれたりしても，「ごめんね。禁止されているのでできないんだよ」ときっぱりと断ってもらいます。実習生の個人情報を児童生徒に連絡することがあってはいけません。教育実習という特別な目的のもと，実習生と児童生徒という特別な関係の中で形成された関係が，実習後も学校外において個人的な関係として継続していくことについては適切でないと考えられます。これは教員も一緒です。児童生徒に対しては，連絡の必要がある場合は学校を通して行うこととします。

　もし，実習後に個人的なつながりが分かった場合，まず大学に連絡をして，実習生については大学で指導してもらいます。関わった児童生徒については，学校でどうしていけないかを詳しく説明し，今後行わないように指導をします。すぐに連絡をやめさせるようにします。

## Q11 実習生が教職に就く意思がなく実習に意欲がない場合は？

### 教育実習の経験は役に立つので，楽しく実習をするように伝えよう

　学校では，自分たちの仕事もあるのに，指導教員を中心に学校全体で実習生のことを見ていただいていると思います。教職に就かないからといって指導に手を抜かず，まずは実習生に真摯に指導する姿を見せてあげましょう。きっと，何か感じるものがあると思います。

　もし教職に就かなくても，教育実習の経験から学べることはたくさんあります。例えば，大勢の人にどうやって自分の思いを伝えられるか考えた経験は，他の仕事をしても人前で話したりプレゼンをしたりする際に生かされるでしょう。部下を指導するときには，子どもの実態を見て指導した経験から，部下の適性に目を向けて指導することができるでしょう。もし，学校関係と関わって仕事をする場合は，学校の仕組みが分かり，教師の立場に立った見方を経験していることが生かされるかもしれません。「先生」と呼ばれるのも，このときだけかもしれません。貴重な体験なのです。

　たくさんの子どもたちと接することは，コミュニケーションの練習にもなります。子どもたちは，実習生が来るのを楽しみにしています。その出会いで人生が変わることもあります。子どもたちは授業を受けてくれます。子どもたちにとっても貴重な時間を使っているのです。

　せっかく時間をかけて実習をしているのだから，無駄な時間を過ごすのではなく，貴重な体験と考えて楽しく過ごすようにしたいものです。実際に，はじめは教職に就かないつもりだったのに，教育実習に行って教師になりたくなったという人も結構いるそうです。

　以上のようなことを気軽に実習生に話してみてはいかがでしょうか。

部活動への参加で，授業づくりに支障が出ている場合は？

## 実習生は授業準備が一番大事。無理をしないように配慮しよう

部活動は生徒の個性を伸ばし，心身を鍛えたり，人間性を豊かにしたりする上でも非常に大切な活動です。また，子どもたちの意外な能力・資質を発見したり，コミュニケーションのきっかけになったりするので，実習中に参加するとよい経験になります。経験の有無にかかわらず，いろいろな部活動を見学してみることを実習生に勧めてみるのもよいでしょう。

ただし，教育実習中は，教科指導・学級指導が最優先ですので，実習生の授業づくり等の準備の状況を踏まえて考えるようにします。原則的には部活動に参加しなくても大丈夫ということを実習生にも伝えておきましょう。部活動に参加しているからといって，教育実習の評価が変わることはありません。授業の準備に時間がかかる実習生ですから，部活動に時間がとられすぎると時間の余裕がなくなってしまいます。

もし断りにくいなどの理由で部活動の指導のために無理をしている様子なら，指導教員がどのようにしたらよいか判断して伝えることが適切です。その部活動の顧問にも話をして，実習生と一番よい方法を考えましょう。こうしたトラブルを避けるためにも，あらかじめ実習校の「教育実習実施要項」を定めるなどして，教育実習の在り方について，学校内で共通理解しておく必要があります。

なお，実習生の部活動の参加に際しては，部活動の顧問が責任をもって実習生の指導にあたることや，実習生の立場で参加していることを踏まえて生徒への指導を行うことが大事になります。特に，運動部では，実習生自身の安全や実習生の指導による生徒の安全等にも配慮することが必要です。

**実習生の授業をよりよいものにするには？**

> 授業は実習生の考えや意見を聴きながら一緒につくっていこう

　授業づくりの前に，児童生徒の実態，年間指導計画の中のその学習の位置づけ，学級での授業のきまりなどを実習生に指導しておきます。そして，それらを踏まえた無理のない授業の計画を一緒に立てていきます。

　指導案の書き方は，各地域や学校によって少しずつ違います。教科によっても違うので，雛型を示し，それをもとに具体的に書き方を指導していきます。板書の仕方や指名の仕方，机間指導のポイントなども指導します。

　児童生徒に身に付けさせたいポイントを実習生がどう指導していくかのシミュレーションを行い，授業の組み立ての準備を入念に行います。実習生の考えや意見に耳を傾けながらも，必ず押さえたいポイントは外さないようにします。教えるところと考えさせるところと分けて考えさせます。授業の途中での介入はできるだけ避けますが，実習生のフォローを指導教員は適宜していきます。

　また，授業を実習生一人にすべて任せる必要はありません。児童生徒の実態や実習生の状況を踏まえて，実習生が担当する部分，指導教員が担当する部分，チーム・ティーチングで担当する部分を工夫することで，実習生の負担も減らすことができます。評価も指導教員と実習生と一緒に行います。指導教員は授業中の児童生徒の様子を詳しく観察できるメリットもあります。

　中学校では，同じ授業内容を他のクラスでも行うことが多くなりますので，まず指導教員の授業を見学し，それをもとに授業を考えて行っていきます。その後，自分で指導案をつくらせ，授業をさせていきます。段階を踏んで指導することで，授業の失敗も少なくなります。

**Q14** 児童生徒の顔写真，名簿等を渡す際に気をつけることは？

> 学校の許可を取り，個人情報の扱いについて徹底して指導しよう

　短い実習期間のはじめから子どもとの関わりをもつことができるようにするには，児童生徒の名前と顔を覚えておくのが有効です。そのために，事前の打ち合わせの際に，クラスの児童生徒の顔写真や名簿，座席表等必要最低限の情報に留めて渡しておくとよいでしょう。しかし，個人情報保護の観点から，実習生にこれらを渡してよいか管理職の許可を必ず取っておきます。また，本人に情報の取扱いに十分注意するように話しておきます。学校にも様々な事情がありますから，学校によっては許可されないこともあります。

　個人情報とは，「生存する個人に関する情報であって，当該情報に含まれる氏名，生年月日，その他の記述等により特定の個人を識別することができるもの（他の情報と容易に照合することができ，それにより特定の個人を識別することができることとなるものを含む）または個人識別符号が含まれるもの」をいいます。例えば，姓（名字）だけでは誰かを特定できませんが，それに会社名や住所などのプロフィールが加われば個人情報になります。個人情報を扱う場合は，「勝手に使わない」「なくさない，漏らさない」「勝手に人に渡さない」など，かなりの注意が必要です。

　各大学の指導資料や校長会の申し合わせ事項等にも，「守秘義務，個人情報保護，情報管理」などで，個人的な携帯等のやりとりの禁止，書類等の扱い方，パソコンやUSBメモリなどの電子記憶媒体の使い方，携帯電話番号やメールアドレスの扱いなども，具体的に示してあります。児童生徒の写真を撮るなども含めて，実習中や実習後にも，個人情報の流布にあたるような行為をしないことを，実習生には徹底して指導しておくことが大事です。

## Q15 実習生の授業を行う能力が著しく劣っている場合の対応は？

### 準備に時間をかけて，一緒に授業をつくっていこう

　一般的には，授業を積み重ねていくことにより指導技術も向上していくものと考えられます。授業を行い，その振り返りを指導教員と行う中で，基本的な授業への考え方や指導技術なども教えていきます。

　授業は児童生徒にとっても貴重な学習の機会ですので，中途半端な準備・状況で授業を行わせるより，柔軟に予定を変更して，1つの授業に時間をかけてしっかり準備をするように指導します。

　まず，授業に活動を入れ込みすぎないような計画を立てさせます。実習生と一緒に，児童生徒がどのようなところでつまずくのかを予想しながら，対処の方法を考えていきます。主発問も授業の中でぶれないように，しっかりと納得させた上で決めていきます。自分で決めたという実感をもたせることが大事になります。授業の中では児童生徒への対応など，よかったところが必ずあると思いますので，よかったところを認め励まし，少しずつ授業への意欲と自信を付けられるようにしていきましょう。

　他の教師の授業を参観する時間を多く設けたり，他の実習生を対象として模擬授業を行わせたりするなどの機会を設ける等の工夫も考えます。その際にも，実習生のプライドを傷つけないような配慮を忘れずに行うようにします。授業後に，児童生徒への授業内容のフォローをしておくと，次の授業の際のつまずきも少なくなると考えられます。

　なお，大学等が実地授業数を示している場合や，「不可」の成績を付けざるを得ない状況が見込まれる場合には，必要に応じて大学等に連絡をして相談をしておく必要があります。

**16** 実習生を遅くまで学校に残している指導教員への対処は？

## 勤務時間内で行うのが原則ということを全教職員の共通認識にしておこう

　教育実習中，実習生は普段とは違う環境や新しい人間関係の中で実習を行っています。そのような中で，心身の健康を損ねてしまったり，深夜の帰宅に不安を感じたりしている実習生もいるようです。実習生がそのように感じていても実習生からは言いにくいものですので，管理職や実習担当教員が配慮し，必要に応じて，実習の計画に無理がないか確認し，場合によっては無理がないように柔軟に計画を見直すことが必要です。

　実習生の指導は，教員の勤務時間内で行うのが原則であり，過度な指導が行われないよう計画的に取り組む必要があります。実習が始まる前に，全教職員への教育実習のお知らせと協力のお願いを行いますが，その際に教育実習の意義や共通理解事項の話をします。共通理解事項として，原則として勤務時間内で行うこと，指導教員にのみ負担がいかないように様々な教師に仕事を分担して指導をお願いすることなどの協力の依頼をします。そのときに，全教職員が実習生の勤務時間についての共通の認識をもっておくことが大事になります。帰宅時間については，管理職等から話をするよりも，他の気づいた教師が助言をした方がスムーズに改善できるかもしれません。また，様々な教師が指導に関わることで，実習生の様子を様々な目で見ていただくことにもなりますし，実習生が困ったことを誰かに相談しやすいということにもつながります。特に年齢が近い若い教師とつないでおくと，相談もしやすく，精神的な支えにもなりやすいかもしれません。

　特別な事情がある場合は，実習生本人とも相談し，その意向を十分に踏まえ，実習生への心身の負担に十分に配慮するよう指導教員に助言します。

**Q17** 実習生に対するハラスメントにはどんなことがある？

> どんな言動がハラスメントになるか，しっかり認識しておこう

　ハラスメントとは，発言や行動等が本人の意図にかかわらず，相手を不快にさせたり，人格や尊厳を傷つけたり，不利益や脅威を与えることを指します。大部分の実習生にとって，教育実習は教員への入り口だけでなく，社会人への入り口でもあります。ハラスメント行為を受けたことにより，教員への夢や希望が壊され，社会に対する不信につながってしまうこともあります。

　次のような事例がハラスメントにつながることを認識して指導を行います。

---

**①セクシャル・ハラスメント**

・不必要な個人指導を行う　・不必要な電話やメールを送る

・実習に必要ない個人的な話をしつこく聞く

・性的なからかいの対象にしたり，卑猥な冗談を言ったりする

・「女らしくない」「男らしくない」などと言う

**②パワー・ハラスメント**

・大声，怒鳴り声で指導する　・意見が合わなかったら許さない

・正当な理由なく過剰な実習を課す　・必要な情報を意図的に伝えない

**③アカデミック・ハラスメント（学術機関内でのパワハラ）**

・指導やアドバイスをしない　・不当に低い評価をする

・「教員に向いていない」「もう来なくていい」などと言う

・不当な課題設定を強要する　・実習と無関係な雑用を強いる

---

　「自分のときはこうだった」等の体験にこだわらず指導にあたりましょう。

## Q18　子どもとの距離が近すぎて，指導に支障がある場合は？

### けじめのある関係をつくる大切さを日常の指導の中で示していこう

　実習生は，大学の事前の学習で「学生だけど教師としての立場で臨むことが大切だ」ということを，何度も言われてきていると思います。しかし，実際に実習生としてクラスに入ってみると，子どもたちが興味をもって関わってくれるので，つい友達のような感覚で接してしまうことが多くあります。

　例えば，少し親しくなってくると，実習生を友達のような呼び方をすることなどもあるでしょう。そんなときは，「私も○○先生と言ってね」「そんな呼び方をされると先生は悲しいな」など，きちんと先生と児童生徒としての関係で話せるように実習生に指導しましょう。

　目上の人に対して敬意を払って言葉遣いや態度に気をつけるというのは，子どもに指導していくべきことです。親しい中にもきちんとしたけじめのある関係であることが理想であると考えます。また，教師も子どもに対し「人としての敬意」を払って行動するようにしましょう。子どもを見下したりしないで大切に接する態度は，必ず子どもたちに伝わります。

　親しくなるためになかなか子どもを叱れないということもあるでしょう。でも，褒めるときは子どもと一緒に心から喜び，叱るときは本気で叱るようにすることで，子どもとの信頼関係はつくられていきます。指導する教師が，そのような「よいことと悪いことの軸をぶらさず子どもに接する姿」を実習生に実際に子どもと接する場面で示していきましょう。

　また，子どもと仲良くなろうとして深入りしすぎる場合もあるかもしれません。学級の中には，様々な事情の子どもがいます。特別に配慮が必要な子どもについては，事前に最小限の情報を伝えておくとよいでしょう。

## Q19 給食や掃除などで，何も指導をしない実習生への対応は？

給食や掃除の指導の仕方を学級に合わせて具体的に教えておこう

　学校給食は教育の一環として位置づけられ，児童生徒に望ましい食習慣を身に付けさせるほか，社交性を養ったり，学校生活を豊かにしたりするなどの心身の健全な育成の役割を果たしています。また掃除活動も，基本的生活習慣の形成，勤労の意義や尊さの体験，奉仕の精神の育成，集団の一員としての自覚を深めるなどの教育的な意義があります。このことを，まずしっかりと実習生に伝えましょう。

　また，実習生は，意義は分かっていても，実際にどのような指導をすればよいかが分かっていないことで指導ができていない場合も多いです。

　給食指導では，給食当番の仕方，衛生面の指導，待ち方の指導，食べ方の指導などを行います。学級のやり方に合わせて，具体的に教えておきます。衛生面，食べるときのマナーやおかわりの仕方などに問題がある場合，自分の役割を果たさないなどに対しては，ときには毅然とした態度で指導することを伝えておきましょう。また，食物アレルギー等にも十分に注意させます。

　掃除指導では，掃除当番の指導，用具の使い方の指導，手順の指導などを行います。これも学級や掃除場所で違うところもありますので，学級のやり方に合わせて指導内容を具体的に伝えておきます。

　指導のポイントは，教師が率先して清掃活動や給食活動の範を示し，実際の姿勢や動きで仕方や活動への臨み方を教えていくことです。給食指導や掃除指導は，学級経営の大事な部分です。学級の荒れにつながるため，きまりを守らない子どもに指導もしていきますが，当たり前のことをきちんとできている子どもに目を向けて称賛していくことを一番大事にしていきます。

**20** パソコン等の扱いについて，注意すべきことは？

## 個人のパソコンは許可を得る，ネットワークに接続しない

　教育実習では，パソコンで指導案をつくったり授業で使う学習シートをつくったりします。その際には個人のパソコンを使うでしょう。大学での事前指導でも説明がされていると思いますが，個人のパソコンの使用は事前に実習校の許可を得させることが必要です。学校によっては教職員用のパソコンを貸す場合もあります。事前の打ち合わせの際に伝えておきましょう。

　また，USBメモリなどの電子記憶媒体を実習校に持ち込む場合も，事前に実習校の許可を得るとともに，ウイルスチェックを行うなど，コンピューターウイルスには細心の注意を払う必要があります。そして，個人のパソコンを実習校のネットワークに接続しないこと，パソコンの作業中に席を離れるときや5分以上使用しないときは端末をログインのままにしないことなども伝えます。資料を学校でプリントアウトする場合は，学校所有のUSBメモリ等（私物は不可）を通して行うか他の方法を使って行うか学校に尋ね，教員の立ち合いの下で行うことなども指導しておきます。

　授業でタブレットやパソコンを使う場合もあるでしょう。地域によって児童生徒が使うタブレット等や使える授業支援アプリも違いますから，どのようなアプリが使えて，どのような使い方をするのかを大まかに伝えておきます。タブレット等は，教員の立ち合いの下で教員のタブレットを貸して行うことになるでしょうが，使い方については十分に注意をするようにします。

　また，個人情報保護の観点から，児童生徒の個人名の入ったデータや文書（名簿，ワークシート等）を持ち帰らないように実習生には指導します。個人名の入った文書等は，実習終了時にすべて回収または破棄してください。

**21** 実習生に指導しておきたい社会人のマナーは？

## 社会人としてのマナーも知らないことは教えよう

### ❶ 挨拶をする

「人とのコミュニケーションは挨拶に始まり，挨拶に終わる」と言われるくらい大切です。朝や帰りの挨拶，教職員への挨拶，児童生徒への挨拶など，場面に合わせて明るく元気にはっきりと，自分から挨拶をするようにします。

### ❷ 時間を守る

時間を守るのは，仕事でもプライベートでも当然のマナーです。余裕をもって仕事を行うこと，万一遅れるときは必ず連絡し，お詫びと理由，そして到着時間の見込みなどを具体的に伝えるようにします。

### ❸ 報告・連絡・相談を怠らない

仕事はチームで行うことがほとんどです。一人一人がメンバーの進捗状況を把握し，フォローし合うことで遅滞・ミスなく仕事を進めることができます。そのために「報告」「連絡」「相談」は大事です。聞かれる前に，自分から進んで上司や同僚に働きかけるようにしましょう。

### ❹ 簡潔に分かりやすく話し，メモを取りながら聴く

話すときは，まず結論を言い，その後に理由，経過の順で話すと明確に伝えられます。聴くときは必ずメモを取り，疑問点や不明点はそのとき，その場で質問するようにします。

### ❺ 整理整頓を心がける

仕事をスムーズに行うためにも，個人情報保護や機密保持のためにも，書類・情報の整理は必要不可欠です。些細なことが大きなトラブルに発展することもあります。定期的に片付け・清掃を行うようにしましょう。

## Chapter 5

# 実習生の心に響く言葉かけ・おはなし集

# 楽しんで実習を進めようよ

『論語』の中に，「之を知る者は，之を好むものに如かず。之を好む者は，之を楽しむ者に如かず。」という言葉があります。はじめからうまくいくはずもないから，楽しんで笑顔で実習をしていこうと伝えます。

## ▶ こんな場面で…

教育実習に際して，授業だけでなく子どもや教職員とのコミュニケーション，礼儀・マナーなどにとても不安をもっている実習生もいます。また教職に就く意思がなく，単位習得のためにしかたなく実習に来ている実習生もいます。

しかし，子どもと接する仕事ですから，やる気が伝わらなかったり，するべきことができなかったりすることで，子どもへの悪い影響も考えられます。

まず，「どれほどの一流であっても，最初は初心者である」ということ，実習生がうまくできないのは当たり前であり，自分もはじめは不安だらけで失敗もたくさんしてきたことを伝えます。

孔子の『論語』の中に次の言葉があります。

> 之を知る者は，之を好むものに如かず。
> 之を好む者は，之を楽しむ者に如かず。

「楽しんで学ぶ＞好きで学ぶ＞とりあえず知っているだけ」ということです。楽しむことを忘れて「やらされている」「言われたからとりあえずやる」という姿勢で実習に取り組むと，上達しないしつまらなくなります。上機嫌で笑顔で，授業も子どもとのやりとりも楽しんでやるようにしたいものです。

日常でも「楽しんで実習できている？」「楽しんで実習するためには，どんな工夫が必要だと思う？」などの声掛けを行っていくとよいでしょう。

## stories 2　未来に向かって「今」できることをがんばろう

精神科医エリック・バーンの言葉と言われているものに，「他人と過去は変えられないが，自分と未来は変えられる」があります。環境や他人のせいばかりにせず，自分がどうしていくかを考えることが大事です。

### ▶こんな場面で…

実習をしていると，授業や子ども，他の教師との関係など，自分の思い通りにならないことが出てきます。経験の少ない実習生はそれが気になって悩みます。そんなときに，この言葉を紹介してアドバイスをしましょう。

他人を自分の意のままに変えていこうとするのは難しいし，うまくいかなかった過去の事実を嘆いてもしかたがないということです。うまくいかないことにとらわれている実習生には，それを伝えることで心を軽くすることができるでしょう。

でも全く変えられないかというとそうではありません。例えば，相手に対して変わるためのきっかけをつくってあげたり，背中を押してあげたりすることはできます。それくらいのことと考えると気持ちは楽になるでしょう。最終的にどうするのかを判断するのはその本人次第です。

過去も，事実は変えられませんが，自分自身の捉え方を変えることで変えることができます。つまずいたり，思い通りにいかなかったりしたことが，全部無駄ではなかった，意味があったのだと考えることで，過去の捉え方が変わってきます。

他人や過去を変えようとすることは，自分を変えることで可能になります。自分を変えることの方が簡単です。そうすることで，未来が変わります。

悩むことは大切ですが，うまくいかないことにとらわれすぎないで，「今」できることを精一杯することを伝えていってはいかがでしょうか。

## 3 子どもが自分の力でやりとげたと思えるように

　授業は教師が指導内容を教えるものだという意識を，ほとんどの実習生がもっています。少し授業を行った後の早い機会に，授業ではどのようなことを目指したらよいかを伝えてほしいと思います。

### ▶こんな場面で…

　実習生は「教えよう」という気持ちが大きいと思います。教える場面もたくさんありますが，コーチングのように子どもの自主性を引き出す取り組みも必要です。そのことを，機会を見つけて伝えてほしいと思います。

　『老子』の中に，次のような言葉があります。

> 　最高の支配者は，人民はその存在を知っているだけである。その次の支配者は，人民は親しんで誉めたたえる。その次の支配者は，人民は畏れる。その次の支配者は，人民は馬鹿にする。支配者に誠実が足らなければ，人民から信用されないものだ。慎重なことよ，支配者が言葉をおしむことは。なにかの仕事を成しとげても，人々はみな，我々は自らこうなのだ，と考える。(蜂屋邦夫訳注『老子』岩波書店，2008年，p.78)

　「支配者」を「教師」，「人々」を「子ども」に置き換えると，学校にそのまま使えます。実習生の一番の関心ごとは授業です。子どもたちが自分で意欲的に学習を進め，「自分の力でやりとげた」と思えるような学習や活動になるように支援していきます。実習生には，子どもたちの実態をよく見ること，そして，何が分かっていて何が分からないのかをしっかりと捉え，子どもと一緒に授業をつくるイメージをもって指導案をつくっていくことを伝えましょう。だからこそ「子どもたちとつながっておくこと」が大事なのです。

## stories 4 どうしてうまくいかないかを考えよう

　野村克也氏の座右の銘として有名になった「勝ちに不思議の勝ちあり，負けに不思議の負けなし」という言葉があります。負けの要因を分析・検討することで，多くのことを学ぶことができます。

▶ **こんな場面で…**

　「勝ちに不思議の勝ちあり，負けに不思議の負けなし」という言葉は，江戸時代の大名で剣術の達人でもあった松浦静山の剣術書にある一文から引用されたものだそうです。

　実習生が教育実習で一番気を配るのは授業です。事前に授業の準備をし，実際に授業を行うと，うまくいくときもあります。しかし，思っていた通りにいかない場合も多いものです。成功には偶然の要素があり，なぜ成功したかが本人にも分からない場合があります。しかし，失敗にはちゃんと理由があり，やってはいけないことをやると必ず失敗します。だから，どうして失敗したのかを分析し，次にどうしたらいいかを考え，失敗を生かすことが大事になってきます。授業で子どもが思うように発言できなかったときなどは，

> 「しっかりと準備ができた授業だったね。子どもが疲れていたのかもしれない。でも，『負けに不思議の負けなし』と言うよ。子どもの問題だけではなく，自分の説明や発問，指示がしっかりと伝わっていたのか，一緒に考えてみよう。それが改善できたら，もっといい授業になるよ」

と伝えてみましょう。また，「負けないようにするには普段から努力を怠らず地道に努力をしよう」ということ，「うまくいってもおごらず，足りないところを反省し，感謝の気持ちを忘れない」といった伝え方もあります。

## stories 5　自分の作り上げた価値観に振り回されない

実習中には，様々な思わぬ出来事があるでしょう。でもそれをポジティブに考えられるかネガティブに考えてしまうかで心持ちが大きく変わってしまいます。ポジティブに考えられる声掛けをしていきましょう。

### ▶こんな場面で…

　実習生は，自分が実習を十分にできているのかどうか等の不安でいっぱいです。周りの友達と情報交換することもあるでしょう。そして，周りの友達はうまくいっているように感じ，自分だけなかなかうまくいかないと感じている人もいるでしょう。若い人たちにとって気になるのは，自分だけ一人浮いたり，さぼっていると見られたりすることだそうです。

　そんな心配をしている様子が見られたときに，伝えたい言葉があります。

> しあわせはいつもじぶんのこころがきめる　（相田みつを）

この言葉には，いくつか意味があるそうです。

　1つは，幸せは自分の見方・考え方次第であるということです。苦しい状況に置かれたときに，プラス思考で考えるかマイナス思考で考えるか。苦しみは自分が試されていることだと考え，苦しみを乗り越えたときにさらに自分が成長できるとポジティブに考えることができるようにしたいものです。

　もう1つは，幸せは与えられるものではなく目の前にある，ということです。苦しい状況であったとしても，必ず自分の周りにはたくさんの当たり前の小さな幸せがあるはずで，それを見つけることで幸せを実感できます。

　同じ出来事を経験しても，感じ方は人それぞれです。自分が作り上げた幸せの価値観に振り回されずに，多くの幸せに気づける声掛けをしましょう。

## stories 6　なかなか熱意をもって取り組めないときに

> 松下幸之助氏は，体が弱かったから人に仕事を頼みました。学歴がなかったから謙虚な姿勢で人に教えてもらいました。お金がなかったから地道に計画を立て熱意をもって事業を進めました。その姿から学びます。

### ▶こんな場面で…

　授業が思うようにできない，子どもとのコミュニケーションがうまくとれないなど，実習をしていて壁にぶつかることがあるでしょう。くじけそうになります。でも，そんなときに壁にぶつかることは誰にでもあることであり，それを乗り越えるには熱意をもってやり抜くことが必要であると伝えましょう。

　松下幸之助氏は「経営の神様」と呼ばれ，歴代の経営者でも群を抜いて高い評価を得ています。松下電器，現在のパナソニックの創業者です。

　松下幸之助氏の言葉に，次のようなものがあります。

---

　なんとしても二階に上がりたい。どうしても二階に上がろう。この熱意がハシゴを思いつかせ，階段をつくり上げる。上がっても上がらなくてもと考えている人の頭からは，決してハシゴは生まれない。

---

　いくら才能があっても，それほど二階に上がりたいと思っていなければ，ハシゴを考え出すところまでいかない。ぜひともやってみたいという熱意があればこそ，その人の才能や知識が十分に生きてくる。何をすべきかが次々と浮かんでくる。

　望んでいることがうまくいかないのなら，本当の熱意を自分がもっているのかを考えてみる必要があります。実習生に自分への振り返りを勧め，困難を乗り越えられるようにともに考えて励ましていくように心がけましょう。

## 7 壁にぶつかった自分を認めよう

> 　壁にぶつかるということは，よくないことではありません。努力や挑戦をしているから壁として感じることができます。がんばっている自分を認め，今まで積み上げてきたものを使って壁を乗り越えましょう。

**▶ こんな場面で…**

　実習中に，なかなかうまくいかない壁，スランプにぶつかることも多いと思います。壁にぶつかるというと，何だかよくないことのように感じられますが，そうではないことを分かってもらいたいと思います。

　瀬古利彦選手は，1970年代後半から1980年代にかけて，日本長距離界をリードした選手です。しかし，欧州遠征中に脚を故障し，１年以上にわたってマラソンのレースから遠ざかります。この間，トレーニングと治療の両立という厳しい選択の中で，様々な対応を試行し，克服していきました。この怪我は，心を鍛えるチャンスなのだと思えるようになったそうです。

> 　人は，乗り越えられない壁は与えられない。その人が，乗り越えられると神様に判断されて，その人に見合った壁が立てられるのだ。

　何も努力や挑戦をしていなければ，壁にぶつかることすらないのです。壁にぶつかるということは，仕事に対して真剣に向き合っているということです。真剣に向き合えた自分をまず認めて褒めてあげましょう。がんばった自分を誇りに思い，今までのように壁にも真剣に向き合っていけば壁も乗り越えられます。今まで積み上げてきたものを使っていけば，必ず成功するようにできています。諦めると成功，成長のチャンスを逃すことになります。今まで積み上げてきたことを信じて取り組んでみるように励ましましょう。

## stories 8　教師のやりがいとは

> 　教員の採用倍率が減ってきています。とても残念な状況です。実習生に教職の楽しさを感じてもらうため，授業や諸活動で支援していきますが，自分が感じる教職の魅力を伝えるようにするのはどうでしょうか。

### ▶こんな場面で…

　教育実習を通して，実習生は多くの経験をするでしょう。教育に向いている人ほど，「自分にできるのか？」と深刻に受け止め，教職の道を断念してしまうことも多いらしいです。「絶対教師になりたい」と思えるような教師の楽しさややりがいを自分の姿を通して伝えていきましょう。

　ある教師に対するアンケート調査の結果で「教員としてどのようなときにやりがいを感じるか」について示されていました。みなさんはどうですか？

> 児童・生徒の成長が感じられたとき／児童・生徒の笑顔をみたとき／児童・生徒と感動を分かち合えたとき／保護者からお礼・感謝されたとき／クラスが一つにまとまったとき／自分の仕事が評価されたとき／児童・生徒が卒業後に会いにきたとき／児童・生徒が卒業後に活躍したとき／同僚と協力して仕事をしているとき／自分の成長を実感したとき

　教職の魅力は，子どもの人間形成に深く関わることができる面白さです。成長に尽くす喜び，喜怒哀楽を共有する喜びです。自分も日々成長できます。

　これらの教師のやりがいの話を，自分の体験談を通して，具体的に実習生に語ってほしいと思います。

　教師の仕事は大変なことも多いですが，やりがいも大きいと思います。

　ぜひ教師の魅力を伝え，教師になりたい人を増やしていきましょう。

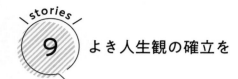

## stories 9　よき人生観の確立を

野口芳宏先生の言葉に「良き師　良き友　良き書物」があります。これから社会に出ていく実習生に，今の自分に満足せず，さらに高い自分を目指す人になってほしいという願いで話をするとどうでしょうか。

### ▶こんな場面で…

　教育実習が終わると，教育実習の経験から，ぜひ教師になりたいと教師への意欲がさらに高まっている実習生もいるでしょう。また逆に「これからどうしよう」と悩んでいる実習生もいるかもしれません。どちらにしても，この教育実習で人と関わり育てる貴重な経験をしたことを，自分にとっての人生のいい経験として残してほしいと思います。

　野口芳宏先生という教育者がいらっしゃいます。国語や道徳の授業名人と称され，「模擬授業」の名付け親の一人としても著名な先生です。先生が教師修行の講演等でよく話される「人生を充実させる3つの糧」として挙げられているのが，上に載せた「良き師」と「良き友」と「良き書物」の3つで，こういった「出合い」を大切にしていってほしいものです。

　野口先生が大学の先生となられて驚かれたのは，大学の先生は大方今も師匠をもっているということだそうです。小・中学校の先生方はいかがでしょうか。私たちの毎日は子どもが相手です。普段がそうであるからこそ，今の自分よりもっと高い自分になるために，自分より高いレベルの人と努めて付き合うべきです。「良き友」も自分よりレベルの高い友であることが望ましいです。「良き書物」については，デカルトは「良き書物を読むことは，過去の最も優れた人達と会話をかわすようなものである」と述べています。よい書物を努めて読むことで，それがよき人生観の確立につながっていくのではないかと思います。

## 10 夢をもち，勇気を出して一歩前に進んでいこう

実習の最後に，実習生に言葉を贈りたいと思います。社会人になると困難なことがたくさんあるかもしれませんが，勇気と情熱をもって様々なことに前向きに挑戦していってほしいと思います。

### ▶こんな場面で…

いよいよ教育実習も終わりになります。はじめの頃と比べて，どのようなところが成長したかを具体的に伝えます。そして，子どもたちとの別れも準備し演出します。実習後に，教師になりたいという思いが高まれば嬉しい限りです。実習の後，実習生は教員採用試験を受けるかもしれません。もし受けないとしても大学院に進んだり，他の職業への採用試験を受けたりするかもしれません。実習生の今後に向けて，言葉を贈りたいと思います。

夢を追い求める勇気があれば，すべての夢はかなう

（ウォルト・ディズニー）

ウォルト・ディズニーは，アニメーションの会社が倒産したり社員の引き抜きを仕掛けられ倒産寸前まで追い込まれたりします。また，ディズニーランドをつくったときも多くの批判を受けます。何度希望を打ち砕かれても夢を追い求め続けたディズニーは，身をもって夢は叶うことを体現しています。

４年ぶりにベンチ入り全選手の入場行進が実現した令和５年の夏の甲子園の選手宣誓の中でも，甲子園出場の夢を追いかけ続けた日々と重ねて，この言葉が盛り込まれました。夢を追いかけることには勇気がいります。どうしても尻込みします。でも，勇気を出して一歩前へ進むことから夢への道は始まります。夢を追っていなければ，チャンスにも気がつかないのです。

## 引用・参考文献一覧

### Chapter1

・松本幸夫『誰とでも、あっという間にうちとけられる！　雑談のコツ』PHP 研究所，2010年
・齋藤孝『若者の取扱説明書　「ゆとり世代」は、実は伸びる』PHP 研究所，2013年
・堀裕嗣『若手育成　10の鉄則　100の言葉がけ』小学館，2016年
・堀裕嗣『ミドルリーダーが身につけたい　教師の先輩力10の原理・100の原則』明治図書，2023年
・佐藤綾子『「察しのいい人」と言われる人は、みんな「傾聴力」をもっている』講談社，2013年
・本間正人・松瀬理保『コーチング入門　第2版』日本経済新聞出版，2015年

### Chapter2

・石橋祐子・梅澤実・林幸範編著『小学校教育実習ガイド〈第2版〉』萌文書林，2019年
・宮崎猛・小泉博明編著『実習生・受け入れ校必携　教育実習完璧ガイド』小学館，2015年
・堂前直人編著『先生のタマゴ必携 教育実習パーフェクトガイド BOOK』学芸みらい社，2021年
・横浜市教育委員会『教育実習サポートガイド【小中学校・義務教育学校・高等学校教諭、栄養教諭編】』
  2023年
  https://www.city.yokohama.lg.jp/kurashi/kosodate-kyoiku/kyoiku/plankoho/kyouikukoho/daigakurenkei.
  files/r5-1-suport-guide.pdf
・琉球大学教職課程実習委員会『教育実習の手引き』2023年
  http://www1.edu.u-ryukyu.ac.jp/kyousyoku/file/jissyu/jissyu_2_2.pdf
・東京都教育委員会『東京都教職課程カリキュラム』2017年
  https://www.metro.tokyo.lg.jp/tosei/hodohappyo/press/2017/10/26/16.html
・北九州市教育委員会『北九州市　教育実習ガイド（教育実習生・大学用）』2022年
  https://www.city.kitakyushu.lg.jp/files/000977572.pdf
・文部科学省 中央教育審議会 初等中等教育分科会 教員養成部会 専門職大学院ワーキンググループ（第14回）
  配布資料「資料3　教職大学院におけるカリキュラムイメージについて（第二次試案）（素案）」
  https://www.mext.go.jp/b_menu/shingi/chukyo/chukyo3/023/siryo/attach/1380647.htm
・福岡市教育委員会『福岡市教育実習ガイド（実習生編）』2021年（2023年7月改訂）
  https://www.city.fukuoka.lg.jp/data/open/cnt/3/81952/1/Teaching_practice_guide3.pdf?20230706134835
・大阪市教育委員会『大阪市　教育実習ガイドブック【実習生・大学等用】』
  https://www.city.osaka.lg.jp/kyoiku/cmsfiles/contents/0000524/524218/siryou2.pdf
・大阪市教育委員会『教育実習の日誌について』
  https://www.city.osaka.lg.jp/kyoiku/cmsfiles/contents/0000524/524218/siryou3.pdf

### Chapter3

・久留米市教育センター『学習指導案　書き方の基礎・基本』2020年
  http://www.kyoikucenter.kurume.ed.jp/02kennkyuu/tyousakennkyuu%20seikabutu/R01sidouann.pdf
・神奈川県教育委員会教育局支援部子ども教育支援課『小学校学級経営充実のための　子どもが輝く学級経
  営につながる学級担任の指導ポイント』2016年（2023年4月改訂）
  https://www.pref.kanagawa.jp/documents/12831/r5sasshi.pdf
・野口芳宏『野口流　教師のための発問の作法』学陽書房，2011年

・堀裕嗣「指導言の十箇条」2020年
　https://note.com/hirotsugu1966/n/n74e3e1c5dc8d
・丹伊田弓子監修『成功する　板書の仕方とノート指導』新星出版社，2014年
・文部科学省『ICT を活用した指導方法』2013年
　https://www.mext.go.jp/component/a_menu/education/micro_detail/__icsFiles/afieldfile/2018/08/07/136
　9632_1_1.pdf
　https://www.mext.go.jp/component/a_menu/education/micro_detail/__icsFiles/afieldfile/2018/08/07/136
　9632_2_1.pdf
・野中信行『新卒教師時代を生き抜く学級づくり 3 原則』明治図書，2011年

## Chapter4

・山口県教育委員会『教員養成・教育実習実施に当たってのガイドライン』
　https://www.pref.yamaguchi.lg.jp/soshiki/178/26386.html
・横浜市教育委員会『教育実習サポートガイド別冊（事例・アドバイス集）』2023年 4 月改訂
　https://www.city.yokohama.lg.jp/kurashi/kosodate-kyoiku/kyoiku/plankoho/kyouikukoho/daigakurenkei.
　files/r5-4-support-guide.pdf
・熊本大学教育学部　教育実習生資料・教育実習の記録
・九州ルーテル学院大　教育実習生としての心構え・教育実習生成績評価票
・熊本市小学校校長会　令和 5 年度教育実習に関する申し合わせ事項

## Chapter5

・井波律子『論語入門』岩波新書，2012年
・蜂屋邦夫訳注『老子』岩波書店，2008年
・イアン・スチュアート／日本交流分析学会訳『エリック・バーンの交流分析』実業之日本社，2015年
・野村克也『負け方の極意』講談社，2013年
・瀬古利彦『瀬古利彦　マラソンの真髄：世界をつかんだ男の"走りの哲学"』ベースボール・マガジン社，
　2006年
・歴史街道編集部編『人生の決断を導く歴史人物の格言』PHP 研究所，2010年
・相田みつを『しあわせは　いつも』文化出版局，1995年
・松下幸之助『道をひらく』PHP 研究所，1968年
・ジブラルタ生命保険株式会社「教員の意識に関する調査2023」
　https://www.gib-life.co.jp/st/about/is_pdf/20230712.pdf
・小松田勝『ウォルト・ディズニーが贈る夢をかなえる言葉　折れない心をつくる23の"物語"』三笠書房，
　2013年
・野口芳宏『利他の教育実践哲学　魂の教師塾』小学館，2010年

＊外部リンクはいずれも2024年 2 月14日最終取得のものです。

【著者紹介】

橋本　慎也（はしもと　しんや）

1961年，熊本県生まれ。熊本市立託麻原小学校勤務。国語の実践を中心に，生活・総合的な学習の実践，学級づくりの実践を進めている。

［単著］

『子どもがどんどん書きたくなる！作文テクニック＆アイデア集』（明治図書，2019年）

『対話力がグングン高まる！コミュニケーション・トレーニング』（明治図書，2021年）

教育実習の指導教員になったら読む本

| | | |
|---|---|---|
| 2024年5月初版第1刷刊 | ©著　者 | 橋　本　慎　也 |
| | 発行者 | 藤　原　光　政 |
| | 発行所 | 明治図書出版株式会社 |

http://www.meijitosho.co.jp

（企画）大江文武（校正）江﨑夏生・中野真実

〒114-0023　東京都北区滝野川7-46-1
振替00160-5-151318　電話03(5907)6701
ご注文窓口　電話03(5907)6668

＊検印省略　　　組版所 日本ハイコム印刷会社

Printed in Japan　　　　ISBN978-4-18-258724-5

もれなくクーポンがもらえる！読者アンケートはこちらから